孩子，为你自己读书

徐可夫

编著

你
的
美
好
未
来
都
在
书
里

民主与建设出版社
·北京·

© 民主与建设出版社，2018

图书在版编目（CIP）数据

孩子，为你自己读书 / 徐可夫编著 . — 北京 : 民主与建设出版社 , 2018.10（2022.7 重印）
ISBN 978-7-5139-2304-0

Ⅰ . ①孩… Ⅱ . ①徐… Ⅲ . ①学习心理学—青少年读物 Ⅳ . ① G442-49

中国版本图书馆 CIP 数据核字 (2018) 第 215669 号

孩子，为你自己读书

HAIZI，WEI NI ZIJI DUSHU

出 版 人	李声笑
编　　著	徐可夫
责任编辑	王　倩
装帧设计	润和佳艺
出版发行	民主与建设出版社有限责任公司
电　　话	（010）59417747　59419778
社　　址	北京市海淀区西三环中路 10 号望海楼 E 座 7 层
邮　　编	100142
印　　刷	唐山市铭诚印刷有限公司
版　　次	2018 年 12 月第 1 版
印　　次	2022 年 7 月第 3 次印刷
开　　本	880mm × 1230mm　1/32
印　　张	7
字　　数	210 千字
书　　号	ISBN 978-7-5139-2304-0
定　　价	42.00 元

注 : 如有印、装质量问题，请与出版社联系。

人生就像一次旅行，需要整理好行囊，做好一切准备，才能在漫长的路途中惬意地欣赏风景，最终到达心中的那个地方。

读书和学习就是人生之旅的开始！它是一个人不断完善和发展自我的必由之路。人只有不断地学习，才能获得知识，才能在未来的生活中过得幸福快乐。

青春是每一个孩子最宝贵的时光，在这最美好的年华里，他们编织着人生的梦想，描绘着人生的蓝图。是的，谁没有梦想呢？谁又不想成为未来的成功者？而要实现这一切，读书和学习是最有效的通道。

然而，大多数孩子都抱怨读书苦、读书累，甚至常常感到迷茫。其实，孩子有这种想法，主要原因在于不明白为什么要读书，或者说认识不到读书的重要性。在这种状态下，孩子会产生厌学、叛逆的行为，从而让家长和老师头疼不已。

那么，为什么要读书呢？

《论语》里说："古之学者为己，今之学者为人。"意思就是，古人读书是为了提高自己的修养，而现代人读书则是为了将自己装饰给别人看。由此可见，无论是为了提高修为，还是为了赢得他人的赞赏，都必须读书，因为它能够实现我们心中的理想。

读书的意义就像鲁迅先生所说的那样："我们必须如蜜蜂一样，采过许多花，这才能酿出蜜来。"也就是说，读书可以让我们从中吸收自己需要的养分，丰富自己的知识，提高自己的学识水平，为自己将来的充分发展打下基础。

人的一生，谁都不甘于平庸，每个人都有自己的理想。曾子说："士不可以不弘毅，任重而道远。仁以为己任，不亦重乎？死而后已，不亦远乎？"说的就是作为读书人，一定要有宏大的志向和坚毅的精神。

实现从平庸者到卓越者的升华是每一个孩子梦寐以求的事情，可是怎样才能做到这一点呢？本书的内容将为我们揭晓答案。

《孩子，为你自己读书》针对孩子在读书方面存在的问题进行了科学的阐述，告诉孩子一个简单而深刻的道理——为你自己读书！并从读书的志向、兴趣、方法等方面引导孩子如何读好书，如何让自己更优秀。

希望在读过本书后，每一个孩子都能够明白读书对自己的重要性，并深刻地认识到读书不仅是为了一纸文凭和将来的就业，更重要的是，通过读书明白人生的价值和意义所在，建立自己完善的人格和高尚的道德，做一个真正的读书人！

第一章 爱上读书，你未来的生活就会多一种选择

读书的困惑：你在为谁读书 / 002

读书无用？别再相信这样的谎言 / 006

读书，给予你不断向上的力量 / 010

→ 年少正是读书时，求学之路须早行 / 014

第二章 志存高远，读书就是为了闯出一片天地

有志者，事竟成，读书要有远大志向 / 018

目标是学习动力的源泉 / 022

时刻保持热情，梦想才会照进现实 / 026

读书要踏实，急于求成只会一败涂地 / 030

→ 你怎样选择，就会成为怎样的人 / 034

第三章 兴趣是最好的老师，读书开启快乐之旅

你的爱好，就是你的兴趣所在 / 038

善于用成就感激发学习兴趣 / 042

空虚的日子，就让读书来陪伴 / 046

如果不读书，你会更快乐吗 / 050

→ 快乐读书，从培养学习兴趣开始 / 054

第四章 学而有术，找对方法比盲目努力更重要

掌握读书方法，比盲目苦读更重要 / 060

读书要勤于思考，读思结合才有成效 / 065

要有求知精神，从敢于提问中汲取知识 / 069

学会做笔记，让知识留下长久记忆 / 074

时常"温故而知新"，是读好书的诀窍 / 078

→ 劳逸结合，学习要松弛有度 / 082

第五章 勤能补拙，刻苦学习是追赶他人的有效途径

别让"等会儿就看"成为口头禅 / 088

一分耕耘一分收获，勤奋的人最优秀 / 092

业精于勤，读书一定要用功 / 095

懒惰是一种"病"，改变才能迎来美好的明天 / 098

→ 制订计划，给勤奋学习一个方向 / 102

第六章 坚持不懈，用行动去追寻属于自己的梦想

勇于面对挫折，坚持才能茁壮成长 / 108

读书要有志、有识，更要有恒心 / 113

坚持不懈，才能学有所成 / 116

→ 在绝望的时候，再坚持一下 / 119

第七章 惜时如金，在最美好的光阴里做最有意义的事

别在最美好的岁月里浪费青春 / 124

珍惜读书时光，学会与时间赛跑 / 128

请把时间花在有意义的事情上 / 131

读书，要懂得合理安排时间 / 135

读书要见缝插针，零碎时间同样宝贵 / 139

→ 不做落后者，求知的脚步要永不停歇 / 143

第八章 专心致志，学习要时刻保持专注精神

专注，你的学习才会更高效 / 148

集中精神，把握课堂"黄金45分钟" / 152

快乐学习就是学要专注，玩要尽兴 / 156

学会自我控制，做更专注的自己 / 159

培养专注力，找对方法才有效 / 164

→ 全神贯注地学习，远离"开小差" / 169

第九章 感念师恩，尊师重教是读书人应有的风范

铭记师恩，发扬尊师重教的传统 / 174

对待老师一定要有恭敬之心 / 177

读书学习，尊敬老师才能学有所成 / 181

尊师不仅仅是理念，更要笃行 / 185

第十章 学而有德，德才兼备是未来成才的标准

良好的品行与读书一样重要 / 190

为人谦逊："三人行，必有我师" / 193

责任意识：勇于承担是成长的开始 / 197

懂得包容：心有多宽广，舞台就有多大 / 201

诚实守信：比知识更重要的财富 / 204

学会自律：一个优秀者的必备特质 / 207

后记

为了未来的自己，努力读书吧！ / 211

爱上读书，
你未来的生活就会多一种选择

第一章

　　读书，是孩子人生中的头等大事。那么，为什么要读书？这是一个很值得思考的问题。为了国家？为了父母？还是为了自己？只有明白了读书的目的和意义，才能准确地找到自己的人生目标，实现自己的理想。

读书的困惑：你在为谁读书

　　小时候，当被父母告知我们要去上学的时候，心里就会特别紧张，同时也充满了期待和欣喜。一边是对上学的憧憬，一边是离不开的父母。尽管幼小的心里充满了矛盾，但我们最终还是在父母的送别里踏入了校门。从那以后，我们的眼里就仿佛多了一个世界。

　　随着我们慢慢长大，从小学升入初中，从初中升入高中，学习的知识越来越难，读书的压力越来越大。于是，我们开始对读书心生厌烦，觉得苦，觉得累。很多时候也会想：为什么要读书呢？虽然这个问题，老师经常讲"读书是为了将来报效祖国"，父母也经常讲"读书是为了你的将来"，但是依旧很迷茫，或许祖国、将来对一个孩子来说都显得太过笼统，太过遥远了！

是的，谁的青春不迷茫？读书最大的迷茫就在于，我们不知道自己为什么要读书，为谁而读书。如果这个问题不搞清楚，读书就会成为一种负担、一种累赘，因为一个人做一件事情需要内在的动力。

所谓内在动力，是指源于一个人内心的对事物的兴趣，以及做事之后带来的喜悦感、成就感。而这些感觉又会增加你对做事本身的兴趣，促使你产生自觉做事的意愿冲动。有了这种动力，我们做任何事情都会变得主动，读书也是一样。

读书的内在动力来源于真正明白读书的意义。对于青少年来说，读书"大则为国，小则为己"。作为读书人，心中一定要有抱负，效力国家亦是成就自己。正如北宋思想家、教育家张载所说的那样，"为天地立心，为生民立命，为往圣继绝学，为万世开太平"，我们也应该有这样的襟怀与宏愿。

张载是宋朝的大儒。他小时候就年轻气盛、思想开阔。20岁的时候，他准备投奔范仲淹，想随范大人一起行军打仗。

范仲淹见了他后，说道："趁现在还年轻，你应该回去读书，把握好这积累知识的机遇。报效国家的机会有很多，先把书读好，慢慢来。"然后赠送了一本《中庸》给他，告诉他："书中自有你的千秋伟业，自有让你驰骋的天地。"

于是，张载回去读《中庸》，从此放下一切杂念，专心求学，最后成了一代大儒。

老师常常告诉我们，青少年是祖国未来的希望。的确，我们充满热血，心中也如张载那样常怀抱负："祖国几千年来的文明需要我们去传承，祖国的未来等待我们去振兴。"但是如果不读好书，不学好知识，没有强大的本领，我们又怎能担当如此大任呢？

所以，读书的理想不能只是一时兴起，一味地高喊"为国而读书"的口号而缺乏行动是毫无意义的。真正的读书，还需要回归自己，即孔子所谓的"为己之学"。也就是说，通过读书，我们才能真正认识到自己的责任和义务，才能激发自己内在的动力，才能提高自身的修养和能力，进而更好地为国家做出贡献。

另外，单纯从个人角度而言，在当下竞争激烈的社会中，一个人如果没有科学知识，没有一技之长，就会寸步难行，甚至会被社会淘汰。而通过读书，我们可以改变这一切，它能让我们获得知识，掌握技能，这些都是将来的谋生之本。可以说，没有当下的刻苦读书，就不会有美好的明天。从这一点来讲，读书，就是为了你自己！

不管将来想成为怎样的人，或者选择怎样的道路，我们都需要通过读书来武装自己。因为刻苦读书是改变人生的最好方法，知识是获得幸福的可靠保证。一个肯读书、乐于读书的人，将来一定会有所作为。

读书小贴士

　　读书不仅仅是为了一纸文凭和将来的就业，更不是"万般皆下品，唯有读书高"。读书，是为了让我们明白人生的价值和意义，增加自己的学问，建立自己的人格，丰富自己的精神世界，提升自己的道德境界，做一个真正意义上的读书人。

读书无用？别再相信这样的谎言

　　《增广贤文》中有这样一句诗："十年寒窗无人问，一举成名天下知。"这句话充分地描述了古代读书人的刻苦和志向。在古人看来，读书是唯一可以施展抱负、实现理想的途径。然而，当下社会，"读书无用论"时而盛行，给广大学子带来了负面影响。

　　"读书无用论"之所以会得到人们的广泛关注，是因为我们总能在生活中找到一些典型的成功代表。大到诸如大学选择辍学而创业成功的富豪比尔·盖茨，小到隔壁村的某某小学没毕业，生意做得风生水起，而刻苦用功十几年大学毕业的某某却依旧拿死工资，用从牙缝里省出来的钱还房贷，等等。

　　读书，难道真的无用吗？

其实不然。从总体来讲，这样的成功者毕竟是凤毛麟角，更何况有些成功与学历并没有关系。例如，一个具有写作天赋的人，只要后天刻苦写作并有人指点，那么他上不上学对他的文字创作影响并不大。所以说，不要说读书无用，无用的或许只是你自己。

随着时代的变化，尤其是互联网的发展，社会已经越来越需要高学历的人才。在一项针对富豪学历的统计中，得出的结论是：1999年，我国的富豪大多是"原生态"的小学或中学出身；到了2003年，百富榜上大专和本科学历以上的富豪占到57%；2008年以后，富豪们已经普遍开始向高学历、高起点迈进。

培根说过："知识就是力量。"知识改变着社会，同样也改变着每一个人。以往不重视知识而取得成功的案例在未来的信息社会会越来越少。读书对于青少年来说，能够起到以下作用：

1. 培养高屋建瓴的眼光

高学历可能带来不了高收益，这是读书无用论的一个重要原因。事实上，读书从来都不是教我们如何发财，就像黄埔军校门前的对联写的那样，"升官发财请往他处，贪生怕死勿入斯门"。读书教给我们的永远不是功利层面的斤斤计较，而是一种需要细细体味的人生大智慧。

这种智慧就是读书对人潜移默化的影响，它影响我们的思维方式，改变我们的说话谈吐，让我们看见一个更好的自己，最重要的是，它培养了一个对我们非常重要的东西——眼光。读书让我们见识了未曾涉及的领域，让我们认识到了自己的渺小，从此我们的眼界也变得更加开阔。

2. 改变气质

正所谓"腹有诗书气自华"，学富五车不是为了谈话时引经据典、卖弄才学，也不是为了换得一纸文凭，我们更看重的是其对个人心灵的陶冶。受过良好教育和没有受过良好教育的人，在思维方式、处世能力和思想内涵上都是迥然不同的。一个有学识的人，举手投足、一言一行中都展现出较高的修养。

朱熹说："问渠哪得清如许，为有源头活水来。"书籍就像一泓浸润人心的清泉，唯有潺潺不绝，方能给人以精神的动力与养料，使人心胸豁达、目光高远，成为一个有丰富知识的人。

3. 获取知识，改变命运

读书能获取知识，拥有知识才能改变命运。这是早已被证实的真理。无论是科学巨擘、财富新贵，还是学术精英、政界新秀，他们无一不是拥有高学历、丰富知识的人。他们能成功正是因为受过良好的教育。

俗话说："书到用时方恨少。"真正懂得读书意义的人，一定会认识到读书的重要性。而不读书的人，往往借口"读书无用"而懒惰下去。如果我们想有所作为，就努力读书吧！

读书小贴士

读书本意不是教你发财，而是让你更有智慧，心智更成熟。读书就是为了读书，读书给不了你想要的一切。不光是读书，任何东西都给不了你想要的一切。但是不读书，你会发现自己内心荒芜，一片空白。拒绝阅读是心灵的癌症！

读书，给予你不断向上的力量

书籍是我们的精神食粮，读书能够让我们内心充实。在喜爱读书的人看来，似乎没有比读书更有魅力、更有力量的事情了。通过读书，我们可以获得不断向上的力量，而这股力量会激励我们不断前进，不断完善自我。

读书的力量，对于个人来说，一个人的精神发育史就是他的阅读史；对于民族来说，一个民族的精神境界取决于这个民族的阅读水平。可见，无论是个人的提升还是民族的发展，读书都发挥着不可小觑的作用。

人类最伟大的思想往往蕴含在书籍中，要想真正发挥读书的力量，就必须付诸行动。如果书籍只是躺在图书馆里或是书房中，那就不过是一堆废纸而已，只有将它捧起来阅读，认真领悟之后，才会变成我们的思想，才能带给我们力量。所以，书籍只有通过阅读才会变成真正意义上的书，书籍的生命正是被阅读激活的。

歌德说："读一本好书，就是和许多高尚的人谈话。"的确，阅读能够带给我们丰富的思想。很大程度上，一个人的精神世界取决于他阅读的书籍，读什么样的书，我们就会成为什么样的人。所以，阅读对一个人的影响是潜移默化的。

在日常的学习和生活中，我们难免会遇到各种挫折。遇到挫折怎么办？就需要有人来引导，而这个最好的导师就是书籍。书中的思想会给予我们精神上的力量。自古以来，有无数的学子在贫苦中因读书而获得力量。

童第周是我国著名的生物学家。他出生于一个农民家庭，父亲是一位私塾先生。由于家境贫困，童第周只能跟着父亲一边学习一边劳动，直到17岁才走进校园。

虽然他非常喜欢读书，但是因为基础差，学习起来非常吃力。在第一次期末考试时，他的各科平均成绩只有45分，但这并没有让童第周失去信心。

第二个学期，童第周开始更加刻苦地学习，每天晚上都到学校的路灯下读书学习。后来，老师发现了这件事，就关掉了路灯让他回屋去睡觉，他又悄悄地跑到厕所外的路灯下去读书。经过不懈的努力，他终于得到了理想的成绩，他想：别人能做到的，我只要努力，也一定能做到。

后来，童第周大学毕业后，在家人的资助下去了比利时留学，跟随一位著名的生物学教授学习。一起学习的还有从别的国家来的孩子，那时候，在国外很多外国孩子都瞧不起中国孩子。童第周就暗下决心，一定要为中国人争气。

教授一直在做一项把青蛙卵外膜剥掉的实验。这项实验难度很大，既需要熟练的技术，还需要耐心和细心。教授也没有成功过，其他国家的孩子也不敢尝试。童第周不声不响地刻苦钻研，反复实践，终于做成功了。他的老师——著名的生物学家布拉舍教授说："童先生了不起！中国人真了不起！你为我们的实验开辟了一条道路！"

后来，童第周学有所成，毕业后回到祖国仍然不忘刻苦读书学习，从不松懈。就这样他通过不懈的努力终于成了著名的生物学家。

童第周在贫苦的条件下，仍不忘追求知识；在学习成绩落后的情况下，仍然坚持不懈；在被外国孩子看不起的时候，更加刻苦用功。在这些挫折面前，正是读书给予了他力量，这股力量让他不甘于现状，决心要改变自己的命运，最后他做到了。

读书不仅能给予我们力量，还能促进我们心灵的成长。读书或许改变不了人生的长度，但可以改变人生的宽度和厚度；读书不能改变人的长相，却能改变人的气质。外在的相貌难以改变，但人的精神世界却可以通过读书而气象万千。

作为青少年，只有不断地读书学习，才能知道自己知识的缺乏。正所谓"知不足，然后能自反也"。也就是说，认识到了自己的不足，就会进行自我反省和鞭策，通过读书学习弥补不足，不断丰富自己的学识。其实，这就是一种让人不断向上的力量，而这股力量正是读书学习所激发出来的。

读书小贴士

　　读书的力量是无穷的，拥有爱读书、爱学习的家风非常重要，它可以培育下一代的美好品德。因此，做一个爱读书的人，多读书，读好书，不仅是为了自己，更是为了让这样的习惯一代代传承下去。

年少正是读书时，求学之路须早行

出生在20世纪80年代的人大都有过这样的感受：小时候非常喜欢读书，可是由于书籍匮乏，家里实在难以找出几本书来，于是只好四处搜罗，只要是书，无论是什么内容，都如饥似渴地读起来。书籍就像拥有魔力一般让人爱不释手。

越是物资匮乏的年代，人们越是对读书有着极大的热情。这或许是因为，读书就像一粒生命的种子，我们期待它的未来花开。近代物理学家爱因斯坦也说阅读可以"把自己引到深处"，可见读书的意义。

作为青少年，想成就一番事业，就必须早成才，而要想早成才，就必须趁早读书。读书开始得越早，对智力的发展就越有裨益。尽早开始读书学习，不仅可以开阔眼界，形成科学的认知，而且还能丰富生活，发展个性，开发潜能。

青少年时期是思想的启蒙时期，也是形成是非观、价值观的时期，而书籍是最好的启智工具。法国大文豪雨果说过："书籍是改造灵魂的工具。人类所需要的，是富有启发性的养料。而阅读，则正是这种养料。"可见，读书可以启蒙思想，可以塑造灵魂。

之所以要趁早读书，还有一个重要的原因就是一旦成年后，随着记忆力的衰退，学习起来就会有一种在沙上写字的感觉，再也不会有小时候的那种轻松、牢靠。

因此，青少年时期可谓是学习的最佳阶段，这个时期我们既没有各种纷扰，又有着清晰灵活的大脑，简直就是造物主为读书做的精心安排。如果能在这个阶段多读一些好书，多学一些知识，即使是不求甚解，也可以为今后的深入学习打下厚实的基础。

少年强，则中国强。青少年是民族的未来，是祖国的希望。在美好的青春岁月里，孜孜不倦以求学，做一个早行者，才能让"书香中国"永续，才能提升国家文化软实力，实现民族复兴的伟大中国梦！

读书小贴士

　　读书要趁早的一个重要原因就是，在孩提时代，我们能够怀揣一颗纯粹、明澈的心去看书中的世界，而随着年龄的增长，人的敏感度对书籍的感受力就会慢慢减退。

志存高远，
读书就是为了闯出一片天地

第二章

　　读书要有远大的理想和志向，一个人的理想越崇高，就越能激发内心的力量，从而更加努力地学习；同样，一个人的志向越远大，就越能不畏艰险地前行。只有在正确方向的指引下，才能在阅万卷书后闯出自己的一片天地。

有志者，事竟成，读书要有远大志向

一个人的伟大或渺小取决于他的志向和理想，伟大的毅力只为伟大的目标而产生。同样，一个杰出的青少年，一定是一个有着远大志向的人。因为，追求的目标越高，自身的潜能就越能得到发挥，才能也会发展得越快。

因此，从小拥有远大的志向，以英雄人物为榜样，不断向优秀的人学习，我们就会产生无穷无尽的勇气和毅力。读书，作为青少年时期最重要的事情，也需要我们树立志向，要明白自己为什么读书。如果只是盲目地学习，心中没有方向，时间一长就会失去动力。

当然，树立志向要符合自己的实际情况，千万不要为立志而立志，否则就会不自量力。同时，立志也要循序渐进，远大的志向固然重要，但要一步步地走。不要企求一步登天，而要踏踏实实地刻苦努力，先从掌握各项本领开始。

　　清朝大臣张曜就是一位在受挫后立志通过读书逐渐改变自己的人。

　　张曜出身于官宦之家，幼时乳名阿牛，长得膀大腰圆。他从小就不爱读书，看到四书五经等就头疼，却对擒拿格斗、摔打甚是喜好。后来，在其姑父的管教下，他抵抗农民起义有功，屡次得到提拔，最终晋升为河南布政使。

　　然而，即便如此，张曜也经常因为没有学识而受到朝臣们的歧视，还不幸被御史以"目不识丁"为由参了一本，说布政使这个职位，是管理全省民政与财政的最高官员，不能让一个大老粗来管理。结果，张曜因为没学问，由二品的河南布政使被降为无品级的总兵。

　　降职这件事对张曜的打击很大，他决心立志开始好好读书，要让自己成为一个能文能武的好官。可是，想读书得先拜个老师，张曜想到了自己的妻子，于是便请妻子教他念书。

　　妻子很爽快地答应了，不过，要求张曜对自己行拜师之礼，恭恭敬敬地学才行。为了能学到知识，张曜答应了妻子的要求，三拜九叩拜妻子为老师。

从此，张曜的生活更加忙碌了，每天不仅有大量的公事需要处理，回到家中还得跟妻子学经读史。为了鞭策自己好好读书，一雪前耻，张曜还请人刻了一方"目不识丁"的印章，并每天将印章带在身上。

多年以后，张曜学有所成，他调任山东做了巡抚。此时，又有人以"目不识丁"弹劾他，可是张曜胸有成竹地上书请皇帝面试。结果，张曜让皇帝和满朝文武大臣对他刮目相看。这个时候的张曜能文能武，终于得以大展身手。

张曜由一个"大老粗"到后来变成一个文武全才，就是因为在受到打击后，坚定了读书的信念，那就是"发奋读书，成为一个能文能武的好官"。有了这个志向，他开始改变不爱读书的习惯，甚至不惜拜自己的妻子为师，这在当时看来，是一个难能可贵的举动。

由此可见树立志向对读书的重要性，它能够让一个人发生巨大的变化。而正处于青春年少的我们，又怎能没有自己的志向呢？

我们要明白，人的一生很短暂，在青少年时代没有比立志更为基本、更为重要的事情。因为从小立下大志，可以给我们以明确的人生目标，给我们以前进的动力，给我们以自强不息的力量。正如陶行知所说的那样，"向上的意志会引导你转向正确的大道前进"。

当然，树立志向并不只是停留在喊喊口号，而是必须努力奋斗，更不要因为别人的嘲笑而放弃自己的志向。或许在别人看来，我们的志向不切实际，但我们一定要坚信自己的志向是前程光明的，其中蕴藏着我们一生的快乐。只要我们坚定不移地走下去，就一定能够实现心中的梦想。

读书小贴士

要想成就一番事业，不能只是嘴上说说而已。再远大的志向，如果没有实际行动也等于零。有了志向更不能整天吹嘘，默默地奋斗才是最重要的。在践行志向的路上，虽说人贵有志，但我们也要远志力行！

目标是学习动力的源泉

　　人的一生很漫长，一个人追求的目标越高，他的动力就越强，也就越容易取得成功。正如有句话说的那样："伟大的目标构成伟大的心灵，伟大的目标形成伟大的人物。"相反，如果没有目标，人生就会像失去了方向的船，迷失在苍茫的大海上；生活也会像一只无头苍蝇一样，处处碰壁。

　　我们常说"站得高，看得远"，有了目标就等于自己站在了高处，站在高处才知道自己的渺小，才会更加努力去追寻远方，去奔赴自己的所见。也就是说，眼界决定着我们未来的格局。只有拥有远大的奋斗目标，人生才能走得远，走得顺利。

有一个小男孩，他的父亲是一位马术师。他从小不得不跟着父亲东奔西跑，从一个农场到另一个农场去训练马匹。由于经常四处奔波，小男孩的求学之路也变得很艰辛。但即便如此，小男孩依旧很努力地读书。

有一次，老师在课堂上布置了一篇关于"我的人生目标"的作文。

小男孩回到家后，用了一个晚上的时间洋洋洒洒写了好几页纸，详细地写下了他今后的目标，那就是拥有一座属于自己的牧马农场。他还详细地绘制了设计图纸，上面标有马厩、跑道、豪宅等具体的建筑。

然而，小男孩花了一整晚的时间才完成的作业，老师给的评语却是一个又红又大的"F"，旁边还写了一行字：下课后来见我。

小男孩见到老师后问："为什么给我不及格？"

老师答道："你年纪轻轻，既没有钱，又没有家庭背景，这样的目标就像是在做白日梦。"接着又说："如果你能重写一个比较靠谱的志愿，我会给你打你想要的分数。"

小男孩回家后，去征求父亲的意见。父亲告诉他："儿子，这是非常重要的决定，你必须自己拿主意。"小男孩考虑了良久，最终决定交回原稿，因为他不愿放弃自己的梦想。

一晃二十年过去了，这位老师带领他的学生来到那个曾被他批评的小男孩的农场露营。离开的时候，他对如今已是农场主的小男孩说："我感到很惭愧，当初不应该给你打'F'的，幸好你凭着自己的毅力坚持了人生的目标。"

农场主说："我非常感谢您给我打的那个'F'，它让我更加坚定地去完成自己的目标。"

远大的目标加上刻苦的努力，这就是小男孩能够成就一番事业的主要原因。作为青少年，我们也需要从小将眼光放得长远一些，若能像小男孩这样坚定不移地坚持自己的目标，那么相信我们未来的路也会更加明朗。

读书也一样，同样需要制定目标。一般来说，读书的目标可以分为两个部分：

一是读书的总目标。我们要知道读书到底是为了什么，比如，为了上一所好的大学，为了实现自己的人生价值，为了将来的发展，等等，这些都是很不错的理由。我们必须要有自己的答案，有了总目标，才会有源源不断的动力，促使我们向着自己希望的方向去发展，去努力。

二是读书的阶段性目标。只有逐步实现阶段性目标，才能实现读书的总目标。例如，这一节课必须掌握哪些知识，一天的复习包括哪些内容，一个月的学习要达到什么效果，等等。如此从一个个小目标开始，脚踏实地，才能一步一个脚印地朝着自己的最终目标前进。

目标是我们前进的动力，我们常说"长大了我要……"，这其实就是目标。但更多的人只是这样说说而已，并没有将其当成目标去对待，因此也就失去了成功的机会。

因此，别再看低自己，大声地把自己的目标说出来吧，甚至像小男孩那样写出来。不要觉得梦想太遥远，有了目标，我们成长的路上也就有了明亮的地标，只要向着这最明亮的地方奔跑，总有一天我们会成功。

读书小贴士

实现人生目标，需要时间、恒心和勇气，切不可只凭一时的心血来潮。你需要制订一个长远的计划，每天付出努力，如此你才会离目标越来越近，最终打开成功的大门。

时刻保持热情，梦想才会照进现实

热情是世上最有价值的一种感情，也是一种积极的精神力量。只要心中充满热情，精神就会为之振奋，做起事情来就会更加积极主动，甚至影响和鼓舞别人，这就是热情带给一个人的莫大力量。

在生活中，我们常常会遇到这样的情况：当充满了热情的时候，我们周围的人也会变得热情起来，而且这种热情产生的魅力会不自觉地吸引更多的人靠近我们。这时即便有些事情我们做得不够完美，他人也会因为我们的热情而忽视那些不够完美的地方。

相反，如果缺乏热情，整天一副无精打采的样子，没有半点生气，不仅自己做事难以成功，而且容易被他人看轻。人生没有了热情，生活就少了绚丽的色彩，生命也就失去了光彩，更难以想象会有辉煌。

因此，对于青少年来说，一定要对生活、对学习充满热情，让热情点燃青春，让热情激荡未来。无论是成功还是失败，无论是精彩还是暗淡，我们都需要用热情去面对这一切。

有句话说得好："我们可以平凡，但不能失去对生活的热爱，更不能没有激情和梦想。"我们经常能听到有些人抱怨：为什么生活这样无聊？为什么学习这样无趣？其实，只要内心多一份热情，多一份对生活和学习的热爱，就不会再感到无聊和无趣了。

尤其是处于学习时期的青少年，更要时刻保持对读书的热情，这样梦想才会照进现实。

宋濂小时候对读书充满热情。因为家里很穷，他没有钱买书，就只好从别人那里借书看。每次借书，他都说好期限，并在规定的时间内准时还书，从不违约，因而大家都很乐意把书借给他。

有一次，他借到一本书，越读越爱不释手，便决定把它抄下来。但是眼看借书的日期就要到了，只好连夜赶抄。这个时候正值隆冬时节，滴水成冰。母亲见他半夜还在抄书，便说："孩子，这么寒冷，还是明天再抄吧！人家也不急着看。"

宋濂一边抄一边说："不管人家急不急，到期限就要还。更何况这书对我太重要了，我必须把它抄下来。"母亲听后，只好先去睡了。

又一次，宋濂要去远方向一位老师请教，并约好了见面日期，谁知出发那天下起了鹅毛大雪。当宋濂准备启程时，母亲惊讶地说："这样的天气怎能出远门呀？再说，老师那里早已大雪封山了，你穿得这么单薄怎能抵御严寒呢？"

宋濂说："娘，今天如果不出发就会耽误拜师的日子，这样我就不能学到知识了，为了学问，风雪再大，我也得上路。"当宋濂到达老师家里时，老师称赞地说道："年轻人，你对学问能保持如此的热情，将来必有出息！"

后来，宋濂果真成为明朝著名的政治家、文学家、史学家、思想家，与高启、刘基并称为"明初诗文三大家"，又与章溢、刘基、叶琛并称为"浙东四先生"，更是被明太祖朱元璋誉为"开国文臣之首"，学者们称其为太史公、宋龙门。

尽管家境贫寒，但宋濂对读书的这份热情，使他克服了重重困难。无论是寒夜抄书，还是踏雪求学，若没有对读书的这份热情，恐怕他早就放弃了。可见，热情对做成一件事情的重要性。

无论什么时候，我们都要保持高度的热情，对生活、对学习充满热情，并将热情转化为自己对生活的一种态度。这样，我们的心态会更加积极，生活会更加快乐。

热情就像心中的一支火炬，当它熄灭了，我们便不再相信真、善、美，我们的面孔也会因麻木而失去光彩。因此，让我们心中的热情燃烧吧，只有与麻木和虚伪做斗争，才能让梦想得以实现，也才能塑造一个全新的自我。

读书小贴士

　　拥有激情，才会拥有五彩斑斓的人生；富于激情的生命，才会营造出一个绚丽的天空。留住一份激情，让生活充满阳光；留住一份激情，让生命更加充盈。

读书要踏实，急于求成只会一败涂地

成长是一个漫长的过程，需要我们付出足够的耐心和不断的努力，并通过日积月累的行动，将所有琐碎的努力综合起来，以达到质变的过程。这就犹如涓涓细流终能汇聚成势不可当的江河一样。读书也是如此，需要脚踏实地。

众所周知，世上没有不劳而获的事，任何读书计划的实现，都必须在耕耘与收获之间经历一段漫长的时间。在这个过程中，我们要有足够的耐心，要一步步地往前走，如果急功近利、急于求成，很可能会适得其反，落得一败涂地。

俗话说"罗马不是一天建起来的""冰冻三尺，非一日之寒"，说的就是这样一个道理——成功需要积累。同样，想要读好书，取得好成绩，也需要每天踏踏实实地学习，日积月累就会有质的飞跃。

达·芬奇这样一位伟大的画家，他的成就也离不开小时候踏踏实实的绘画学习。

达·芬奇小时候学习绘画时，老师要求他不停地画鸡蛋，今天画了明天画，画完了一摞纸再画一摞纸。渐渐地，达·芬奇感到不耐烦了，他觉得老师是故意捉弄他，并没有教他真正的画技，于是抱怨起来。

老师听了达·芬奇的抱怨并没有恼怒，而是对他说："你认为画鸡蛋很简单吗？世上没有哪两个鸡蛋是相同的，每画一个鸡蛋都是新的。而且同一个鸡蛋，换一个角度去看它，鸡蛋的轮廓、阴影也都不一样了。"

接着老师又说道："能把鸡蛋的这些差异都在纸上准确地画出来，可是不容易做到的。长期训练画鸡蛋，就是要训练观察力，训练随心所欲地将事物表现出来的能力。练就了手眼一致的功夫，那么不管画什么都可以应付自如。现在的画鸡蛋，是未来绘画的基础啊！"

听了这一番话，达·芬奇终于领悟到了老师的良苦用心，从此以后，踏踏实实地画着一个又一个鸡蛋。最终，他将自己的绘画技术练得炉火纯青，画出了《蒙娜丽莎》《最后的晚餐》这样的绝世名作。

达·芬奇画鸡蛋这个故事，相信我们都读过。这里再一次提起它，是为了提醒我们要看到脚踏实地的重要性。我们在学习的过程中，也要学习达·芬奇的这种精神，踏踏实实地从一件事情做起，日积月累就会获得量的质变。

当然，读书学习要踏实，并不是说不应该树立远大的志向。对于青少年来说，那些"等长大了我要……"的志向确实宏大高远，但这并不妨碍我们踏实地学习。相反，正是为了实现它，我们才需要努力，从基础开始做起。也就是说，一切必须从基础上一点点积累，而不能一步登天，否则便是急于求成。

我们要认识到，急于求成只会导致失败。回想一下生活中的例子：太想写好字时手总在颤抖，太想踢进球时脚总不听使唤，太想在演讲时好好表现总紧张得说不出话，等等。究其原因，都在于急于求成。

因此，即便我们有着远大的志向，如果想要实现它，也应该从最初的基本功开始，而不能盲目地追求高超的技巧。这就好比盖房子，如果没有深厚的地基，没有坚实的基础，是盖不出富丽堂皇、高耸入云的大楼的。

所以，即便要行千里，也该自足下始。踏踏实实地去做事，注重自身知识的积累，厚积薄发，自然会水到渠成。这样的道理放之四海而皆准，越是脚踏实地地一步步努力，就越能加快自己的步伐，从而实现我们心中的理想。

读书小贴士

　　鹰击长空的壮阔令我们羡慕不已，大厦高耸的巍峨同样让我们感叹不已。但是，感叹之余，我们是否想到鹰的一次又一次苦练？是否想到大厦的坚强柱石？因此，无论是振翅飞翔，还是高耸入云，我们都需要从脚踏实地做起。

你怎样选择，就会成为怎样的人

大海选择了壮阔，天空选择了宽广，雄鹰选择了高飞，鱼儿选择了遨游……而青少年作为祖国未来的花朵，在生活和学习中，又该如何做好自己的选择呢？相信对于这个问题很多人都纠结过、犹豫过，因为选择是一件极其重要的事情，我们往往不敢过于轻率。

对于每个人来说，选择都是无比重要的，因为人生充满了无数种可能，任何一个选择都会导致一种可能，而在这个可能下我们又会遇见更多的选择时刻，又会产生更多的可能。显然，要成为怎样的人，在很大程度上是由我们自己的选择决定的。

有这样一则关于选择的童话故事：

两个兄弟一起出游，走累了，就坐在一块石头旁休息。

突然，他们发现石头上面刻有一段文字，写的是："如果你发现了这块石头，请沿着日出的方向走进树林，你会看见一条河，请游过河。游过河后你会看见一座山，山上有一座房子，走进去你就会得到幸福。"

兄弟俩看了这段话后，弟弟首先脸上现出了兴奋的神情，决定冒险去寻找幸福。然而哥哥却表现得很平静，他对弟弟说："这很可能是捉弄人的，你要是去了，说不定会迷路，会被河水冲走，没到房子之前你可能就没命了。"

兄弟俩争论了很久，谁也说服不了谁，只能各自做出选择。弟弟选择走进树林，去寻找幸福；哥哥则启程回家。

后来，弟弟真的找到了幸福，他在到达山顶的时候，受到了一群人的迎接，并被拥戴为国王，过上了锦衣玉食的生活。而哥哥回到家后依旧过着自己安稳的小日子。

就这样过了六年，弟弟被一个强大的国王赶走了，结束了国王的生活，成为一个四处流浪的人，无奈只好回到哥哥的家里。

兄弟俩见面后，彼此感慨当初的选择。

哥哥说："看来，我当初的决定是对的，我一直无忧无虑地生活着，而你虽然做过国王，如今却受尽苦难，一无所有。"

弟弟却说："虽然我现在的境况很凄惨，但我并不后悔当初的选择，因为这段经历给我留下了丰富的回忆，而你的回忆只是平淡无奇。"

从这则童话中，我们可以看出兄弟俩由于不同的选择而过上了两种不同的生活，这里很难说谁的选择更好，他们只是走出了属于自己的人生轨迹。我们可以把刻了字的石头当作是一种志向，兄弟俩就好比是我们和生命中潜在的另一个自己，一个志向远大，另一个志向平凡，如何选择全在于我们自己。

由此可见，志向的选择对人生可谓重要。试想，如果我们读书只是为了完成学业，那又怎么能够学好呢？而如果是为了将来能够实现自己的人生价值，让自己拥有更美好的生活，有了这样的理想，我们才能更积极主动地去学习，把学习当作一种习惯。

所以，在树立读书志向之前，我们要学会选择，选择一个远大的、适合自己的读书理想，既不高估自己，也不看低自己。只要树立了这样的信念，然后不断地努力奋斗，丢掉懒惰，丢掉空想，我们就一定能成为自己想要成为的那个样子。

读书小贴士

很多时候选择是痛苦的，我们会徘徊不定、犹豫不决。之所以如此，是因为我们对自己即将放弃的选择不甘心，既想得到鱼，又想得到熊掌。这个时候，我们应该明白，没有舍就没有得，放弃是为了选择更好的道路。

兴趣是最好的老师，
读书开启快乐之旅

兴趣是一种动力。无论做什么事情，只要你对这件事情充满兴趣，那么，即使再苦再累，困难重重，你也会心甘情愿地去做，这就是兴趣的魅力。因此，我们要培养自己学习的兴趣，只有快乐地去学习，才会取得好成绩。

你的爱好，就是你的兴趣所在

一个人的生活有所爱、有所好，才能更加有趣、生动和优美。我们的一生中会有许多爱好，有人爱旅游，有人爱美食，有人爱书法，有人爱画画……爱好不同，让我们各享其乐。

爱好有着一种神奇的力量。比如，我们喜欢什么就更愿意去接近什么，喜欢做某件事，就会变得更加主动。拥有爱好还能改变我们的人生，甚至让我们的人生更加丰富多彩。即便是生活中遇到许多无法想象的坎坷和挫折，有爱好相伴也会活得更有滋味。

作为青少年，我们都有着自己的爱好，也就是兴趣。兴趣是最好的老师，在兴趣的引领下，我们可以更投入地去做事，也会更容易体会到做事过程中的乐趣。读书，是当下我们最重要的事情之一，所以读书的兴趣是我们必须培养和保持的。只有有了兴趣，我们才能够学有所成。

我国著名数学家陈景润被人亲切地称为"数学王子"，而带领他走上数学道路的正是他对数学的浓厚兴趣。

陈景润生于福建闽侯，小时候家境贫寒，经常被同学欺负。他知道，只有好好学习，长大才会比欺负他的同学更有出息。所以，他擦干眼泪，把平日所受的痛苦，化为学习的动力。在小学和中学读书时，他对数学情有独钟，最感兴趣的是数学课，只要一有时间就演算习题，在学校里成了个"小数学迷"。

有一次，数学老师介绍了中国古代人物对数学的贡献，说祖冲之对圆周率的研究成果早于西欧1000年，南宋秦九韶对"联合一次方程式"的解法，也比意大利数学家欧拉的解法早500多年。老师接着鼓励同学们说："但我们不能停步，希望你们将来能创造出更大的奇迹，比如'哥德巴赫猜想'是数论中至今未解的难题，希望你们能把它拿下来！"

听了老师的讲话后，他暗暗立誓：长大后无论成败如何，都要为此不惜一切地去努力！

后来，陈景润考上了福州英华书院。当时，清华大学航空工程系主任、留英博士沈元教授因为战事吃紧而不得不滞留在福州。英华书院得知沈元教授就在福建，就邀请他去讲学。于是，陈景润有幸听到了这位著名教授的讲课。

沈元教授给大家讲了一个有趣的数学现象：6=3+3，8=5+3，10=5+5，12=5+7，28=5+23，100=11+89……每个大于4的偶数都可以表示为两个奇数之和。

沈元教授所讲的数学的美妙与神奇，让陈景润听得入了迷，他对这个有趣的数学现象也感到好奇不已。为此，陈景润在课余时间更加津津有味地研究起数学来，图书馆里从中学到大学的数学书几乎被他读了个遍，他被同学们戏称为"书呆子"。

后来，陈景润对数学的这份执着和热爱结出了硕果，也使他成为著名的数学家，并在数学方面做出了诸多重大贡献。

陈景润能够成为著名的数学家，与他从小一直保持对数学的兴趣息息相关。正是因为有了兴趣，他才会愿意去探寻数学的奥秘，也更愿意去阅读与数学有关的所有内容，并主动进行更多的研究。可见，兴趣对成就一件事情的积极影响。

其实，无论学习什么知识，我们都应该保持一份兴趣，因为当对学习产生了兴趣之后，即使没有人催促和监督，我们也能主动地进行学习。

因此，从现在开始，就培养自己对读书的兴趣吧！它会改变我们的一生。

读书小贴士

兴趣是能量的来源，它有着一种神奇的力量，能够让你不觉辛苦，忘记劳累，而且能够为你的学习增添一层斑斓的色彩。因此，尽可能多地培养自己的兴趣，对学习大有好处。

善于用成就感激发学习兴趣

除了寻找其中的乐趣之外，学习还需要依靠一种精神力量和内在动力去推动，而成就感就是很好的精神力量和内在动力之一。

成就感，简单地说就是一种自我认同。它是一个人精神的支柱、坚持的动力、快乐的源泉，以及挖掘个人潜力的有利条件。只有时刻体验学习带来的成就感，我们才能积极主动地继续学习下去。

成就带来的满足感可以说是激发我们学习热情的有效方法。当然，这种满足感的来源并非是给自己施加学习压力，在各项考试中取得第一名，而是通过日常生活或小圈子的活动，让自己学习的成果得到充分的展示，从而激发和保持自己的学习热情。

有一个小女孩，平时很喜欢在小区的花园里玩耍。

平日里，小区的花园里很是热闹，许多老年人在这里健身、散步。有一天，几个老人在花园里转起了呼啦圈，但是技术很一般。这时，小女孩刚好下楼出来玩耍。有个隔壁的老奶奶看见了，就叫她也过来试试。

然而，小女孩从来没有玩过呼啦圈，不管大家怎么叫她都不过来。后来，几个老人硬拉着她过来，把呼啦圈套在她身上，一定要她转一转，小女孩只好硬着头皮旋转起来。

可能是由于她腰部柔软、平衡能力强，试了几下，就将呼啦圈转了起来，而且越转越好，大家都鼓起掌来。小女孩也越转越开心，她突然才发现，原来自己可以转得这么好。

后来，小女孩兴奋地回到家，要求妈妈给她也买一个呼啦圈。从此，她每天放学回到家后都会来到花园转她的呼啦圈。由于长时间地玩，她能够随心所欲，而且转出各种花样。后来，她还在学校的文艺晚会上进行了精彩表演，赢得了老师和同学的赞誉。

可见，一个人不论做什么事情，只要取得了成功，感觉到自己在这方面有才能，就会受到鼓舞，兴趣就会不断增强。学习也是这样，只要我们不断进步，哪怕比别人走得慢一点，也同样能够体验到成就感，渐渐地，学习兴趣自然就会提高。

那么，在具体的学习过程中，我们该如何利用成就感来提高自己的热情，促进自己的学习呢？我们可以从以下三个方面做起：

1. 从最喜欢的科目开始

学习的科目有很多，每个人都有自己擅长的科目，我们不妨从自己最喜欢的科目学起。这样，不仅热情高涨，而且能很快完成学习任务，很容易产生成就感。这时再带着愉快的心情去学习其他学科，自然也会顺利一些。

2. 不喜欢的科目从简单的做起

自己不喜欢的科目，往往也是自己的弱项。对于不擅长的科目，我们常常有着抵触的情绪，这是因为有太多的障碍会带来心理打击。要想改变这种心态，就应该先放低要求。不妨先放弃难题，从简单的、会做的题目开始，这样时间一长，我们心理上的反感就会慢慢消除，并渐渐喜欢上这些科目。

3. 多回忆取得的成功

在学习的过程中，成功和失败总会伴随在我们左右。我们不能总想着自己的失败，而要多想想取得的成功。经常唤起成功的回忆，能增强我们的信心，振奋我们的精神，进一步激发我们对学习的兴趣。

拥有成就感，就仿佛有了一种惯性，对于好的、容易的、成功的事情，我们就会接着做下去，生活中很多事情都是这种惯性行为的体现。当我们的目标实现后，成就感就会来到我们身边，喜悦之情也会油然而生，我们的精神世界会因此得到满足。伴随着这种满足，我们很自然地会为自己设立下一个目标，并且竭尽全力地去完成，原因在于我们想要再次得到这种满足。可见，成就感是我们完成目标的催化剂。

总之，拥有成就感能更好地激发我们奋斗的潜力，使我们更加容易成功。在学习的过程中，只有不断地为自己创造成就感，我们的学习才能进入一个美好的良性循环。

读书小贴士

体验不到学习的成就感，是缺乏学习兴趣的一大原因。因此，在学习的过程中，要学以致用，将所学知识应用到日常生活中去，体验其带来的成就感。这样，你就会产生一种由内而外的动力，激发你对学习的兴趣。

空虚的日子，就让读书来陪伴

读书的时光是充实的，每天在闹铃的催促下早早地醒来，然后像打仗一样刷牙、洗脸，吃过早饭，在铃声响起之前踏进教室，就这样开始一整天的学习生活。每天都是如此，虽然有时候我们也会感到些许疲惫，但没有比这更让我们感到充实的了。

当然，我们也总是期盼周末的到来，因为在紧张的学习生活中，我们也渴望得到放松。我们常想着周末回到家什么都不做，好好在家里休息，睡觉、躺着、看电视。可往往真到了周末，又会觉得很空虚、无聊。因为突然脱离学校有规律的生活，我们就像脱缰的野马一样，无所事事。尤其是在假期里，当我们拥有大量时间的时候，反而不知该如何去打发了。

相信每个人都应该有过这样的经历。那么，我们该如何利用这些空虚的假期呢？是休息，还是忙碌？

下面的故事或许能给我们答案。

若雨是一位高一的学生，学校生活对她来说是最充实的。每到放暑假的时候，她总会有那么一大段的时间感到空虚无聊。虽然平时她也帮家里做各种家务活，但是当白天父母上班去了，她做完所有家务的时候，一个人在家就会越发觉得无聊。

有一次，她实在无聊得很，看电视看得头晕，睡觉又睡不着，后来就走进了老爸的书房。对于课外书，若雨看得并不是很多，因为她对这类书并不是很有热情。看着满书架的书，她随手拿了一本，不曾想越看越有兴趣。她渐渐地发现，书中的故事太丰富了，就好像在跟自己对话一样。

从此以后，若雨每天都会抽出两三个小时的时间坐在书房里看书。她总是在这个时候看一些平时没时间看的书，或者是看了几遍但是还没有看够的书，看完以后还写下自己的感想，她的假期生活再也不觉得无聊了。

渐渐地，书架上的书几乎都被她看完了。大量的阅读，不仅充实了若雨的假期生活，还开阔了她的眼界，尤其是她的写作水平得到了极大的提高，她写的文章经常被老师作为范文在班里传阅，有些甚至还发表在杂志上。

若雨用读书来有效地驱除了自己的空虚，让自己变得充实起来。其实，作为青少年，读书本该是我们最重要的事情。在学校里，我们努力学习课本知识；在假期里，我们更应该广泛阅读课外书籍，让我们的大脑充实起来。

另外，我们都希望自己能够得到全面的发展，更希望有自己的兴趣爱好，甚至是有一技之长，可是，这些在平时紧张的学习生活中根本没有时间去做，怎么办呢？漫长的假期就是行动的最好时机。

在假期里，我们可以把时间一分为二，一部分时间用来读书，比如，读一些老师推荐的经典著作，因为这个时候我们有足够的时间来阅读，看完后还可以写一写自己的读后感；另一部分时间则可以用来参加社会实践或做做家务，这些活动都会给我们带来快乐。

总之，一个将自己的学习、生活安排得满满当当的人，生活会更有劲头，更加充实。相反，如果我们总是懒散松懈，就会掉进空虚的泥沼。空虚是比痛苦和挫折更可怕的怪物，它会消磨我们的意志。若想战胜它，就开始读书吧！

读书小贴士

　　读书是治疗孤独最好的良药，它是开在内心深处最美的花朵，也是孤独时最幽香的佳酿。在无聊空虚的日子，能与书为伴，会让你的内心世界得到升华，心中的痛苦得以解脱。

如果不读书，你会更快乐吗

　　我们经常抱怨读书苦、读书累。的确，每天的学习生活不是大清早起来背单词，就是晚上熬夜做题，沉重的学习压力让我们喘不过气来，学习似乎让生活变得压抑和痛苦。我们是多么希望逃离这一切，但逃离了就会快乐吗？

　　其实，读书就好比品咖啡。喜欢读书的人品出的是香浓和甘甜，他们能够品出书的韵味，能够进入乐之境界；而不爱读书的人，尝到的是苦涩，他们只知读书之苦，不知读书之乐。因此，我们没有感到快乐不能怪罪于读书，而在于我们自己的心境。

　　文宇已经读高三了，学习成绩一直中等偏下，平时特别喜欢看动漫，最近迷上了《名侦探柯南》。每天放学回家，他的第一件事就是打开电视看动漫。在他看来，一天中最快乐的事情就是看电视，而最讨厌的事情就是去学校上课。

有一次，文宇中午放学回家吃饭，打开电视一边吃饭一边看，眼睛紧张地盯着电视屏幕里的卡通画面，他咬着嘴唇、双目圆睁的表情像被施了魔法似的凝固在脸上。这时，爸爸用手在他肩膀上狠狠地拍了几下，指着墙上挂着的钟让他看。

文宇一看，猛地站了起来，一张小脸顿时皱成了一个小老头，剩下的饭也来不及吃了。打开门一阵风似的朝学校飞奔，可是心却还停留在电视里，以至于下午的课，文宇根本没法专心听讲，头脑中满是动漫的画面。

文宇经常觉得读书让他错过了很多美好的事情，比如一集扣人心弦的《名侦探柯南》。他想如果不用读书该多好啊，就可以每天看自己喜欢看的动漫了。

后来，由于文宇经常看动漫，学习成绩一直提不上去，结果没有考上大学，只能早早地步入了社会。在亲人的介绍下，他进入工厂打工。这个时候虽然他有时间看动漫了，但工作的劳累让他再也没有那种心情了。

我们总是在读书的时候喊苦喊累，觉得每天循规蹈矩地重复着，上课铃声、下课铃声一点也不能通融，作业、考试样样都得认真，怎一个"累"字了得。

其实，与步入社会相比，读书时期应该是人生中最美好的阶段了。我们要把学习当作求知的过程，求知是一种乐趣，也是一种快乐。设想一下，假如我们对一个苹果为什么会从树上掉下来而不是飞到天上去，为什么四季会不断地更替等知识一无所知，对其他的一切都知之甚少，这样的生活又会有多快乐呢？

相反，我们为了弄明白这样的问题而去读书，去上一堂物理、地理课，带着求知欲去学习，当我们终于找到了自己想要的答案后，是不是会拥有一种成就感呢？这时快乐就会油然而生。可见，读书不会成为我们的负累，相反，它会使我们成为一个心明眼亮的人，让我们越来越有智慧，智慧也会带给我们无穷的快乐。

一个人真正的快乐来自于真实独特的自我，来自于始终保持着的心灵宁静。读书能够赋予我们心灵的宁静，让我们明白人要为内在的自己而活，不在乎外在的虚荣。这样快乐感才会润泽我们的心灵，浸透我们的全身。

读书还让我们善于思考，而一个积极思考的人常会有意识地使自己保持心情愉快。当我们埋头苦干、奋力打拼时，不要忽略了生活的本来意义；当我们拥有越来越多的物质财富时，不要忘记了平淡的快乐。

罗素曾说:"人生应该像条河,开头河身狭窄,夹在两岸之间,河水奔腾咆哮,流过巨石,飞下悬崖。后来河面逐渐展宽,两岸离得越来越远,河水也流得较为平缓,最后流进大海,与海水浑然一体。"其实,读书也是如此,只要坚持走过这段最狭窄的地方,曾经吃过的苦、熬过的夜、做过的题都会铺成一条宽阔的路,引领我们走向成功,走向快乐的生活!

读书小贴士

不读书,意味着你将提前步入社会,更早地参加工作。面对社会的优胜劣汰,如果你不具备充足的知识,所从事的工作会比读书更苦更累。作为青少年,一定要认识到读书带给你的价值,只有吃得一时苦,方能获得更长久的快乐。

快乐读书，从培养学习兴趣开始

兴趣是最好的老师，也是学习的母亲，它会让我们看到不一样的世界。然而兴趣与读书最初没有天然的联系，我们必须将两者结合起来，培养自己的读书兴趣。读书兴趣也就是认识兴趣，它是我们渴望获得知识、探究事物或参与活动的积极倾向，它的强弱决定着我们在学习上是"苦学"还是"乐学"。

要想培养自己的读书兴趣，就必须要有求知的精神，而且要在学习过程中不断体验成功的喜悦，才能形成浓厚的兴趣。兴趣是学习的原动力，也是快乐的原动力。学习若没有兴趣，就会变得乏味和无趣，甚至成为一种心理负担。

在学习的过程中，兴趣尤为重要。它不仅是我们时刻保持注意力的重要因素，而且能促使我们坚持不懈地学习。对于感兴趣的事物，我们才会积极主动地去探究它，正如孔子说的那样，"知之者不如好之者，好之者不如乐之者"，说的就是对于知识，懂得它的人赶不上喜欢它的人，喜欢它的人又赶不上醉心于它并以它为乐的人。

我们之所以能够以苦作乐，能够变繁为简，能够坚持学习到底，任何事情都能够做到一心一意，都是兴趣的缘故。人生不怕挑战、风险和艰难，就怕丧失兴趣。可以说，兴趣是我们学习动机中最现实、最活跃的心理因素。

当然，兴趣需要逐渐地培养。例如，把书中枯燥乏味的东西转化成为鲜活明亮的东西，这就需要兴趣来推动。有了兴趣，学习就会变成一种自觉的行动。

下面，我们来看一项实验，了解一下兴趣对学习的重要性。

苏联学者С.索洛维契克曾召集了3000多名在学习方面不擅长的学生，要求他们配合做一次"满怀兴趣地学习"的实验。要求是这样的：

第一，学习前做好充分准备，一再对自己说："我喜欢你——××学，我将高兴地去学习。"而这其中的"××学"就是学生原来不感兴趣的学科。

第二，一定要努力地去学习，比平时要更细心，花更多的时间。

几周之后，索洛维契克陆续收到了学生的回信。结果令他大感意外，很多学生按照实验要求去做了之后，对曾经讨厌的科目逐渐产生了兴趣，学习起来也不再枯燥无味。

其中有一位学生说："我原本很讨厌俄语语法课，一到上课我的困意挡都挡不住。后来，我按照老师的要求去做了之后，每当上课时我都怀着高兴的心情，就像是在上我最喜欢的历史课一样。这样持续了12天之后，我现在完全形成了习惯，俄语语法课也变得非常有趣了。"

通过这个实验，索洛维契克得出一个结论，满怀兴趣地学习会收到很好的成效，这种成功能够给人以鼓舞，给人以力量，进一步给人以兴趣，直到它变成日常的学习习惯。

由此可见，只要我们对学习产生了兴趣，学习起来就会有良好的情绪，而良好的情绪自然会让我们感受到学习的愉快。这也说明学习兴趣的确是可以培养的。

那么，我们该如何来培养自己的学习兴趣呢？

1. 不轻易否定对学习的兴趣

我们上学要学习的科目有很多，我们要认真地了解自己对各学科感兴趣的程度，不要轻易地放弃一门学科。我们要意识到出现对课程不感兴趣的情况是正常的，但为了系统地掌握知识，建立合理的认知结构，必须对不感兴趣的学科从心理上亲近，以自己感兴趣的学科为出发点，将所有的知识系统化，从而培养对其他学科的兴趣。

2. 寻找积极的情感体验

情感是滋生兴趣的催化剂，积极的情感体验会让我们将一种行为进行下去。因此，在学习的过程中，我们要调整好自己的情感，不要抱着消极或应付的态度去学习，要努力获得真正的乐趣和满足，从课本中寻找有益于自己成长的知识和道理。

3. 制定目标，激发读书热情

在学习的过程中，我们要根据每一个科目的内容对学习进度做一个明确的计划。这样朝着目标一步步靠近，让自己切实感受到变化和进步，才能增强自己的成就感。当我们离目标越来越近时，我们便会热情大涨，学习兴趣自然也会得到增长。

读书学习给我们带来的好处是无穷尽的，只要我们多想想这些好处，想想自己经过努力之后将会有怎样的收获，相信兴趣便会不邀而来。

读书小贴士

任何学习取得好成绩都与兴趣分不开，带着兴趣去读书学习，往往学习效果更佳。缺乏兴趣与爱好，只会给自己带来空虚和烦恼；一个有着自己兴趣的人，在他的生活中总会有愉快的事情不期而至，让他快乐不已。

学而有术，
找对方法比盲目努力更重要

第四章

　　做任何事情都有一定的方法，学习也是如此。正所谓"学而有术"，术就是有利于学习的各种方法。找对了方法，学习效率才会翻倍；而盲目地学习，只会走更多的弯路。学习，除了勤奋努力之外，讲究方法更重要。

掌握读书方法，比盲目苦读更重要

读书，作为我们获取信息、增长智慧和培养个性品德的重要途径，是我们成长过程中的必经之路。但想要通过读书获取知识，同样也需要讲究方法。如果读书方法不科学，纵使我们有满腔热情，付出再多的努力，恐怕也只是徒劳无功。

因此，读书能否收到理想的效果，除了选择读什么之外，怎样读也同样重要。如今，我们越来越注重对读书方法的探讨和学习。尤其是在当下繁重的学习生活中，科学的方法能够极大地提高我们的学习效率。

其实，一直以来，文人、学者们对读书方法都有深入的研究。下面，我们就来学习一下鲁迅先生的读书"六法"。

鲁迅是中国现代文学的奠基人，他不仅文章写得好，而且还博览群书，尤其在读书方法方面很有见地，有一套独特的读书方法——读书"六法"。

一是多翻。不管手头上有什么书，是否感兴趣，都要拿过来翻一下，或者是读上几页。这样能增长我们的知识，开阔我们的视野。

二是设问。每读一本书的时候，先大致了解一下书的内容，然后合上书，给自己提一些问题，自问自答，最后再带着这些问题去细读全文。

三是跳读。在读书的过程中，如果遇到了难点，一时间实在无法弄懂，不妨暂时跳过去，继续往下读，说不定在读后面的内容时，前面的难题就豁然开朗了。

四是背书。鲁迅的背书方法有些与众不同，他制作了一张小巧精美的书签，上面写着"读书三到：心到、眼到、口到"，他把书签夹在书中，每读一遍就盖住书签上的一个字，读了几遍之后，他就会默诵，以加强记忆。

五是剪报。鲁迅十分重视运用剪报这种方法积累资料，他的剪报册非常整齐，而且有严格的分类，每一页上都有批注。

六是重读。凡是读过的书籍，过一段时间，鲁迅就会重新读一读书中标记出来的重点。这样花费的时间不多，而且会有新的收获。

鲁迅先生独特的读书方法，对我们来说很有借鉴意义。其实，许多文人或是名人都喜爱读书，而且都有着自己独特的读书方法。那么，通常情况下，我们应该如何来阅读一本书呢？下面这些方法值得我们牢记。

　　（1）泛读，即广泛阅读，也就是说要广泛涉猎各方面的知识。不仅要读自然科学方面的书，还要读社会科学方面的书，古今中外各种风格的优秀作品都应广泛地阅读，以博采众长，开拓思路。

　　（2）通读，指对书本从头到尾通览一遍，主要目的在于读懂、读通，了解全书大概的意思，以求一个完整的印象，取得"鸟瞰全景"的效果。对于一些只需要了解，不需要强记的知识可以采用通读的方法。

　　（3）精读，指在读书的过程中，要细读多思，反复琢磨，做到明白透彻，了然于心，以便吸取精华。尤其是对于精品佳作应该采取这种方法，只有精心研究，细细咀嚼，才能明白文章的微言精义。

　　（4）跳读，指对书本进行跳跃式的阅读。比如，书中一些无关紧要的内容可以直接跳过去，重点抓住书的筋骨脉络；另外，有时读书遇到难以理解的地方，反复思考不得其解时，也可以跳过去，读完后面的内容或许就找到问题的答案了。

（5）选读，就是有所选择地读书。在浩瀚的书海中，我们无法读完每一本书，因为一个人的精力和时间是有限的。因此，我们必须在有限的时间里做最有意义的事情。在读书的时候，应该结合自己的情况，有针对性地开列书目，获取真正对自己有益的知识，学业才能取得进步，人生才能得到升华。

（6）速读，是一种快速读书的方法，即扫描式的读法，一目十行，对书中内容迅速浏览一遍，只了解其大意即可。这种方法可以加快阅读速度，扩大阅读量，比较适用于阅读同类的书籍或资料等。

（7）略读，指粗略地读书，即在读书的过程中随便翻翻，略观大意；或是只看点评就明白文章的主要观点；也可以重点看标题、导语或结尾，就可大致了解文章内容，达到阅读的目的。通常，对于课外的一些选读内容，或是在考前复习的时候，都可以用略读的方法。

（8）再读，也就是重复阅读，对于好书或是重点内容至少要读三遍，第一遍当作艺术享受；第二遍重在拆卸，像机枪手学习拆卸机枪一样，仔细考察每一个零件的性能、制作方法以及它们之间的联系；第三遍再浏览，以求得一个深刻的印象。如此重复学习，可以"温故而知新"，有利于加深对知识的理解，也是巩固记忆的强化剂。

读书方法虽然有很多，但是盲目地套用也是不可取的，我们需要根据自己的具体情况来选择，读书最好的方法莫过于应用到实践中去。对于读书，我们只要讲究科学的方法，并持之以恒，就一定能一步步地超越他人，取得优异的成绩。

读书小贴士

读书的方法有很多，每个人都有适合自己的方法。对于名人的读书方法我们可以借鉴，但也不能一味地照搬。因为适合别人的不一定就适合你，只有能够切合你的实际情况的方法才是最好的。

读书要勤于思考，读思结合才有成效

古往今来，不少圣人先贤都十分注重思考在读书过程中的价值。中国教育的开山鼻祖孔子早在两千多年前就对读书与思考的关系提出了精辟的论述："学而不思则罔，思而不学则殆。"意思是说，一个人在学习中，倘若只知死记硬背，而不加以思考、消化，到头来等于白学；而只知道思考却不去实实在在地学习，最终也会一无所获。

可见，读书是一个综合的"行动"，它不仅需要用眼，更需要用脑。我们要想读懂一本书，就必须一边看一边想，眼睛负责将文字看进去，理解文字则需要靠大脑。也就是说，读书必须"读思结合"才能取得成效。

学习是我们丰富知识的途径，思考则是把知识转化为实际应用的桥梁，学习与思考相得益彰。如果只学不思，拥有的是"死知识"，只思不学就不能博采众长、集大成于一身，学思结合才是提升学习能力的有效方法。也只有做到学思有机结合，才能实现学以致用。

著名经济学者张五常就很注重思考在学习中的运用。

张五常在大学读书的时候，所有的考试都考过了。然而他转作旁听生继续听课。有一次，导师杰克·赫舒拉发忍不住在课后问他："你已经通过考试了，为什么还旁听了我六个学期，难道我所知道的经济学知识你还没有学全吗？"

张五常回答说："虽然我已经通过了考试，您的经济学知识我也早从您的著作中学会了，但我听您的课与这些都没有关系，我之所以来听课，是想继续学习您思考的方法。"

之后的岁月里，张五常将这个偷"思"的习惯坚持了很多年，每当遇到良师益友，他就感到莫大的幸运。他细心观察他们的思考方法，并选择其中比较容易的进行实践，不断地提升自己的思考能力。

与张五常一样，著名数学家华罗庚的读书法也特别强调思考对于读书的重要性。

华罗庚每次拿到一本书，不是翻开从头至尾不停地读，而是读一会儿，对着书思考一会儿，然后再合上书闭目静思，在脑海里猜想书的立意构思、谋篇布局，等到思考完毕再打开书，继续往下读。在华罗庚的这种猜读法中，猜其实就是一个思考的过程。

在现实生活中，又有多少人能够经常做到读思结合呢？恐怕真正去做的人只有少数，但是知道这个道理的人一定有很多。哲学家亚瑟·叔本华在讨论读书和思考的关系时说："读书只是让出脑子给人跑马，思考才是真正属于自己的创造。"

可见，如果我们读书只是让出脑子给人跑马，知识灌进大脑后，如何行动却要听从别人的指挥，那么读再多的书又有什么意义呢？因此，千万不要因为懒惰让自己成为知识的奴仆。因为一个不善于思考的人，常常会犹豫不决。而思考则能指导我们的行动，让我们始终在正确的轨道上前行。

所以，在读书的过程中，不能囫囵吞枣地浏览，而要一字一句都看进去，一边看一边理解话中的意思。想一想自己读后有什么感觉，书中内容对自己有什么触动，对不明白的地方要停下来思考，可以将自己的感想或疑问随手记录下来，以便于我们日后再进行思考。

　　读书的目的在于获取我们所需的知识，明白人生的道理。因此，读书不是看热闹，一定要给自己留下思考的时间，无论是边看边思考，还是看完之后再思考，总之思考的过程是不可或缺的。只有进行思考，我们才能真正领悟书中的真谛。

读书小贴士

　　古人说："学起于思，思源于疑。"读书不仅要思考，还要善于质疑，有了疑问之后需要多问，问是思维的开端，是创新的基础。在学习中，要多提出问题，学会质疑，善于思考，才能真正悟透书中的内涵。

要有求知精神，从敢于提问中汲取知识

人们常说："疑是思之始，学之端。"也就是说，有了疑问，我们才会去学习，去思考。在这个过程中，问是必不可少的环节。提出问题不仅是我们步入知识殿堂的"敲门砖"，更是学习探究活动的"铺路石"，勇于提问是汲取知识的一条捷径。

在学习的过程中，我们会遇到各种各样的问题。对于不懂的知识我们该怎么办呢？提问得到解答，这是最直接也是最有效的方法。而向我们传道授业解惑的老师，无疑就是解答我们所提问题的最佳人选。因此，只有敢于在课堂上提出自己的疑问，才能及时掌握所学知识。

科学巨匠伽利略就是一个十分喜爱提问的人。

伽利略在学生时期就非常喜欢向老师提问，在他考入了意大利比萨大学的医科专业后，他经常因为医学上的一些疑问而频频地向老师提问，任何问题他都喜欢打破砂锅问到底。

有一次，在胚胎学课堂上，教授讲到决定生男生女的因素的课题时，向同学们说道："母亲生男孩还是女孩，取决于父亲是否强壮。如果父亲身体强壮，那么母亲就会生男孩；相反，那些生了女孩的，父亲多半身体衰弱。"

教授刚说完，伽利略就举起了手。

教授一看又是伽利略，脸色顿时变得有些难看。因为伽利略总是在课堂上提问，一问就没完没了。于是，教授严肃地说道："你有疑问吗？上课的时候应该多认真听讲、记笔记。你的问题提得太多了，这样会影响同学们的学习，坐下吧！"

伽利略并没有听从教授的话，而是说道："我认为您说的这些存在很大的疑问，例如我的邻居就是个强壮无比的男人，但他的妻子却接连生下了5个女儿，这又该怎么解释呢？"

教授毫不犹豫地回答说："我所讲的这个观点，是来自于古希腊著名学者亚里士多德的观点，这怎么会有错呢？"

伽利略却说："虽然亚里士多德很有学问，但他讲的这个观点明显和事实不符啊，我认为科学就必须与事实相符，否则就不是真正的科学。"

教授终于还是被问倒了，伽利略也因为扰乱课堂秩序受到了学校的惩罚。虽然如此，伽利略始终保持他这个勇于提问的习惯，也正是因为如此，他不断地追求真理，最终成为集数学、物理、天文知识于一身的科学巨匠。

可见，敢于提问，是追求真理、探索知识的有效途径。我们在学习的过程中，也要像伽利略一样勇于发问。或许有人会说，如果真像伽利略这样提问，难道不会受到老师的批评吗？如此一来，要是被老师讨厌了那多不好啊！

的确，在当下的学习中，很多人都不敢提问，或不善于提问，总是有着这样那样的顾虑。那么，如何改变这种状况呢？

1. 培养敢于发问的勇气

学习时，我们不能局限于现成的答案，而是需要独立思考，另辟蹊径，大胆提问。这就要求我们树立做学习的主人的思想观念，要懂得成功的关键在于自己的勤奋和努力；要克服自己心里的胆怯，努力让自己把疑问说出来。只有勇于提出问题，才能在质疑、析疑的过程中培养我们的自尊、自信。

2. 提问前要了解所学内容

要想提出好问题，首先需要对所学内容有所了解。这是我们掌握知识、完成学习的基础，也是发问的前提。因此，学习的时候要对知识由面到点，再由点到面进行了解，明确主次关系，分析章节结构以及每个标题之间的内在关系等。这样要学的内容就会在头脑中形成清晰的脉络和整体思路，然后就能有针对性地提出问题了。

3. 掌握提问时的技巧

每个人的学习水平都不一样，提问题不得要领的情况也在所难免，这会导致提的问题质量不高或不合时宜。因此，我们在发问前，不仅要联系实际想一想，还要联系之前所学的知识想一想，甚至是反过来想一想。认真思考之后，提出的问题自然会更有质量。

在课堂上提问题也要把握时间和度。老师上课一般有自己的课程安排，我们如果频繁发问，不仅会影响教学的进行，还会影响其他同学。因此，我们要善于把握老师所给的提问时间，如果问题过多，可以用笔记下来，等下课后再询问老师。毕竟像伽利略这样在课堂上不断提问的方法也是不可取的。

值得注意的是，在向老师提问时，我们一定要保持尊重的态度，古人讲："一日为师，终身为父。"以谦虚的态度和语气去提问，不仅是对老师的尊敬，更是对知识的尊重。总之，我们要始终保持积极求知的心态，从勇于提问中获取知识。

读书小贴士

学问，一是学，二是问。学会发问能够促使自己更主动地去学习，是打开聪明大脑的钥匙。因此，在学习的过程中，要敢于发问，善于发问，才能真正学有所成。

学会做笔记，让知识留下长久记忆

读书做笔记，是老师经常要求做的一件事情。虽然如此，但很多人依旧是上课只听不写，每每翻开书本，既不准备好笔，也不准备好笔记本。因为在他们看来，听课只要听懂了就记住了，记笔记没有必要。

真的如此吗？我们未免过于信任自己的大脑了。很多读书大家都说："不动纸笔，不读书。"的确，对于一本书，不管我们再怎么精读，如果不做笔记，过上几个月、几年就会忘记一半以上，甚至只留下一个大概的印象。但有了笔记，我们就可以快速地复习，并轻松地回忆起课程的内容。

所以，读书笔记是增强知识记忆的有效方法。美国心理学家巴纳特做过一个实验，充分证明了这个结论。

在甲、乙、丙三组大学生中，给每人发一篇含有1800个词的文章，并以每分钟120个词的速度读给他们听。其中，甲组被要求一边听一边写出文章要点；乙组被要求一边听一边看已经列好的文章中的要点；丙组则只是单纯地听，除此之外不用做任何事。

读完文章之后，分别让三组成员回忆文章的内容，得出的结果是：甲组成绩最好，乙组成绩次之，丙组成绩最差。

为什么会出现这样的情况呢？

其实，原因就在于甲组学生在听的过程中，对文章内容进行总结并写出了摘要，这样能充分地调动大脑，将那些固定的文字变成大脑更容易理解和记忆的内容，所以他们对文章的记忆比其他两组更深刻。而其他两组都没有这么做，自然难以记住文章的内容了。

从上面这个案例中可知读书笔记对记忆的重要性。关于写读书笔记，其实很多名家、大家已经给了我们经验——坚持做好笔记，就是提高读书效率最好的方法。著名作家钱钟书先生就是一个勤奋做笔记的人。

钱钟书在牛津大学图书馆读书时，由于图书馆的书向来不外借，到那里去读书，只准携带笔记本和铅笔，书上不准留下任何痕迹，只能边读边记，这让他养成了做笔记的好习惯。

钱钟书还喜欢买书，但大多数的书还是从各个图书馆借的。他读完做好笔记，就把借来的书还掉，自己的书也常常送人。因为钱钟书深谙"书非借不能读也"的道理，所以他有书就赶紧读，读完就做笔记。

读书笔记就这样成为他一生的习惯，在他的写作过程中，全部外文笔记加起来就有178册。除了外文笔记，钱钟书还有中文笔记及读书心得日札23册，分成802则，字数多达2000多万字。

正是这些大量的读书笔记，为钱老的研究和写作奠定了坚实的基础。

钱老的经验告诉我们：记读书笔记对学习知识有巨大的帮助。所以，无论是在课堂上听课，还是业余时间看书，做笔记都是一个不可缺少的环节。可以摘录经典内容、写写自己的感想，既方便今后回忆，也能帮助我们更好地理解书中的内容。

那么，具体该如何做好笔记呢？

1. 课堂笔记

学习是我们的主要任务，在课堂上做笔记时，我们要做到手到、眼到、心到。因为老师在授课的过程中，节奏是非常紧凑的，很多时候不会停下来让我们慢慢地做笔记。所以，我们要抓紧时间，用一些简略的文字记录重点，课余时间再回忆内容并完善和补充。尤其要注意不要纠结于记录而忽略老师正在讲的内容。课堂上，只有集中精力，做到"三到"，这样做笔记才有意义。

2. 读书笔记

读书笔记相较于课堂笔记，在时间上更加充裕。因此我们可以静下心来记录，可以在书上做批注，也可以在本子上写感想，等等。需要注意的是，读书笔记内容一定要清晰，最好能够进行分类，这样便于今后翻阅。

俗话说得好，"好记性不如烂笔头"。勤写读书笔记，不仅可以提高读书的效率，而且能够克服边读边忘的毛病。学会做笔记，是我们必须掌握的一项技能。

读书小贴士

读书笔记对于深入理解、牢固掌握所学知识，积累学习资料以备不时之需，都很有必要。它有摘录、提纲、批注、心得等格式，记法因人而异。心得笔记难度相对大一些，但只要掌握论点、论据和论证三要素之间的关系，写起来就不难了。

时常"温故而知新"，是读好书的诀窍

　　读书学习并非是一件简单的事，也需要我们掌握方法和诀窍。复习，就是一个很好的学习方法。它是一个加固的过程，可以帮助我们巩固已学会的知识，还能查漏补缺，帮助我们及时弥补学习上的漏洞。

　　当然，复习不仅仅是简单地重现原有的知识，也是对零散知识进行整合，使之形成完整的知识体系的过程。正如孔子所说的"温故而知新"，"故"便是已学的旧知识，"新"则是新的知识体系。从这个意义上来说，复习也是一种全新的学习。

　　然而，在实际的学习生活中，很多人在读书上喜欢耍小聪明、喜欢偷懒，这样做的结果就是永远也不会成功。对于我们来说，学习必须勤奋苦读，不断地重复学习，许多知识只接触一次，是绝对不够的，而需要不断地学习，不断地复习。知识唯有不断地温习，才能在头脑中生根。

可能有人会问，复习真的如此重要吗？我们来听听美国顶尖橄榄球教练史密斯·艾伦是怎么说的吧！

史密斯·艾伦成为橄榄球教练已经有30多年了，在他的职业生涯中，他所带的团队曾取得了62场比赛的冠军，一度创下美国橄榄球史上的纪录。

然而，你或许想象不到是什么让他能够带领出如此出色的球队。在他退役后，有记者对他进行了采访，询问他是如何取得这惊人的成绩的。

史密斯·艾伦说："我制胜的诀窍其实很简单，就是让球员及时进行技术上的巩固和弥补。因为我发现大部分球队在赛完球之后就休息，假设他们是星期天比赛，那么星期一就放假休息一天，这样做的效果很不理想。"

他接着说道："后来，我就决定在比赛当晚，就让球员们看比赛现场的录像，来分析哪里发挥得比较好，哪里被敌人防守得比较死，仔细分析挫败的关键在什么地方。因为比赛刚结束不久时，球员们对比赛印象深刻，及时复习有利于提高球技。"

一场球赛需要及时进行技术分析，才能有所长进，读书学习又何尝不是如此。复习能够及时检查过往所学知识，弥补知识漏洞，让我们避免犯下因为小问题而影响大局的错误。所以，赶紧行动起来吧，不管是每天日常学习之后的复习，还是一段时间之后的阶段复习，我们都必须认真对待。

　　复习，我们要做到以下四点：

1. 复习要及时

　　科学研究证明，一个人对一件事情遗忘的进程是不均衡的。在最初的时候，遗忘的速度最快，之后开始减慢，到了一定时间后就不再遗忘。因此，在学习新的知识后，必须及时进行复习，也就是要趁热打铁地把知识巩固起来。读书学习只有及时地温故才能知新，否则就会事倍功半。

2. 复习要有系统性

　　复习不仅仅是把平时学习过的内容重复一遍，更重要的是要把平时所学的局部的、分散的、零碎的知识建立起系统的联系。这样能使知识之间系统化、结构化，让自己进一步明确各部分书本知识的重要性与作用，明确各部分内容之间的内在联系。

3. 复习要有选择地进行

学习的知识是繁杂的，在复习的时候也应该有所选择。复习的内容最好选择有一定基础性、综合性、启发性、代表性与典型性的知识，也就是说要选择一些能"牵一发而动全身"的知识进行复习，有针对性地掌握所学知识。

4. 复习要抓重点、难点

在对知识点进行复习的时候，应抓住重点、难点和疑点。在复习这些知识点的时候，要注重查漏补缺，对重点知识和难以理解的知识要重新进行理解，对于一知半解的疑点绝不可轻易放过，任何问题都要在复习的过程中及时解决，以便真正地掌握知识。

复习是学习中的一个重要环节，也是提高学习效率的有效方法。结束每天的学习之后，要将所学知识在大脑中多回忆几遍，以保证记忆的牢固性。而且我们还要定期进行阶段性的复习，因为记忆力是递减的，只有经常复习，才能让记忆更加深刻、更加长久。

读书小贴士

复习在学习中起着巩固、强化的作用，是掌握知识过程中的一个重要环节。学过的知识只有经常复习，才能牢记在心。

劳逸结合，学习要松弛有度

在学习的过程中，很多人对学习如痴如醉，把学习当作信念，有着至死不渝的精神。他们认为"学习着就是快乐"。不可否认，拥有这样的精神是难能可贵的。但如果劳累过度往往得不偿失。任何事物都有自身的规律，我们必须遵循自然规律，顺应人体的生物钟。只有身心得到充分的休息，学习才不会丧失动力，学习效率也会更高。

我们知道，时间是一笔巨大的财富，合理支配才能产生最大的收益。学习要勤奋刻苦，也要学会休息。竞争社会应讲求学习效率，而不是把时间用到极致，我们要给自己留一点休息的时间，享受片刻的宁静，恢复清醒的大脑，才能更好地继续往下学习。

相反，如果我们一直让大脑保持高速运转，不停地学习，大脑和身心都会疲惫不堪。这种疲惫会让思维迟钝，身体也会发出抗议，即便有再坚韧的精神，恐怕也难以集中精力去吸收更多的知识了。所以，会学习也得会休息，休息可以让大脑和身体充分地养精蓄锐，可以说，休息就是为了能更好地学习。

有这样一个故事：

在一个小镇上，有一天来了一个马戏团，由于搭建舞台急需用人，于是他们便在当地临时招工。他们提出的条件是：工人只要做三个小时就可以得到一张外场的票；做六个小时就可以得到进场的票；如果愿意干一整天，就能得到一张最前排最中间位置的票。

有一对兄弟非常喜爱马戏，可是由于家里穷，从未能实现看马戏的愿望。他们听到这个消息后，就跑过去说愿意干一整天来换取一张最前排的票。于是，从太阳升起到落下，他们一刻不停地干活，中间只分吃了一个馒头。到下午的时候，兄弟俩十分疲惫，但是看马戏的信念支撑着他们继续干下去。

到了晚上，兄弟俩终于如愿坐在了演出的最前排，但是他们太累了，筋疲力尽地坐在位置上，满身尘土，手上还起了豆大的水泡。主持人出场的时候，大家都热烈地鼓掌，而他们却在掌声里不知不觉地睡着了。

兄弟俩为了得到向往已久的门票，而不顾一切地劳动，最终却错过了精彩的表演。其实，学习也如此，就像马戏团的演出一样。我们每个人都渴望有一天能取得第一的成绩，于是拼命学习，学到身体崩溃，最终即便获得了理想的成绩，身体也累垮了，接下来的学习怕又要落入深渊，这样取得的成绩也是难以持久的。

因此，劳逸结合才是最应该保持的学习状态。或许我们会有疑问，为什么世界上很多名人看起来都非常忙碌，而他们也一样取得了卓越的成就呢？其实，名人不是不休息，只是休息时间比一般人相对要少，但是他们的休息质量普遍都很高。

例如，俄国作家列夫·托尔斯泰喜欢通过做运动来进行休息。在年轻的时候，他就十分喜欢体育运动，不管是骑马还是体操，都样样精通。所以在后来的写作过程中，每当感觉累了，他就会停下笔，做上一二十分钟的器械体操，这样身体得到锻炼的同时，大脑也就得到了休息。

又如，英国前首相丘吉尔，由于政务繁忙，他每天晚上的睡眠时间只有四五个小时。可是，他却始终能够保证自己有充沛的精力，他的秘诀就是，从来不会等到筋疲力尽的时候才去休息，并且每天中午都要睡1个小时，保证自己的身体不过度运转。

通过这些故事，我们应该认识到休息的重要性。无论多忙碌，一定要懂得休息，形成互补循环，学习累了便休息，养足了精神之后就能再次开始学习，如此才能长久地将自己想做的事情做下去。对于我们来说，劳逸结合会有以下好处。

1. 提高学习效率

我们知道，大脑是全身新陈代谢最活跃的器官，对氧的需求量很大。当我们从事紧张而又繁重的脑力学习时，大脑皮层处于高度兴奋的状态，对氧的需求量剧增。长时间地用脑，会使全身的血液循环减慢，流经大脑的血液减少，引起暂时的"脑贫血"，从而导致大脑疲劳。

大脑一旦疲劳，我们的感觉就会变得迟钝，动作不协调、不准确，而且会出现注意力不集中、反应速度降低、记忆力下降等问题。长期下去，甚至有可能导致神经衰弱。可见，合理科学地使用大脑，才能提高学习效率，而科学使用大脑的最佳方法就是劳逸结合。

2. 增强记忆力

学习作为智力活动，需要良好的记忆力作为基础。如果用脑过度，违背记忆规律，那么结果只能事与愿违。学习时间如果持续太长，就会抑制记忆，造成遗忘，反而得不偿失。所以，我们在学习时一定要注意遵循记忆规律，保证自己拥有清醒的头脑。而这一切都建立在劳逸结合的基础上。

当然，劳逸结合并不意味着毫无节制地娱乐，休息如果不能更好地促进学习就是没有意义的。此外，如果真的赶上了忙碌的时间，比如考试的前几天，我们可能会变得异常忙碌，时间对我们来说是分秒必争，那就要学会抓住机会休息，比如吃饭的间隙、乘车的时间都可以用来闭目养神，让身心得到片刻的放松。

读书小贴士

保证头脑清醒敏捷，是提高学习效率的基础，所以适当的休息、娱乐不仅是有好处的，更是必要的，不过，这并不是说可以打着劳逸结合的幌子，无休止地放松自己。

勤能补拙，
刻苦学习是追赶他人的有效途径

第五章

　　一勤天下无难事，成功的人大都离不开"勤奋"二字。只有不断地耕耘，才能收获果实。学习一样需要勤奋，未来的世界充满挑战，有着无数坎坷，机会与危机并存。青少年必须勤奋学习，掌握生存技能，才能有所成就。

别让"等会儿就看"成为口头禅

青春的日子总是有用不完的能量和热情，如果有大段的时间任由我们去支配，比如周末的闲暇时光，又如那让人热烈期盼的寒暑假，我们会去做什么呢？

可以想象，大多数人的做法是：每天和小伙伴出去游玩，在游山玩水中彻底放松；或是在篮球场上厮杀，累到筋疲力尽后才肯罢休；或是把自己关在小卧室里，酣畅地打上几小时久违的电脑游戏；抑或是打开电视，沉浸在自己所追寻的剧情里。

我们尽情地享受着闲暇的时光，有着太多让自己觉得开心的事情可以去做。然而，有一样我们本该做的事情，却被我们抛到了九霄云外。每当我们玩得尽兴的时候，父母总是喜欢时不时地提醒我们"该看书了"，而我们的回答总是"等会儿就看"。

读书，真的能够等会儿再看吗？这一等，恐怕就是许久之后了。

著名书法家颜真卿曾说："三更灯火五更鸡，正是男儿读书时。黑发不知勤学早，白首方悔读书迟。"这是对读书人的谆谆告诫。意思就是说，过去的读书人晚上11点到凌晨1点还在点灯熬夜读书，3点到5点公鸡打鸣了，就要早早地起来。可见，读书要勤奋。

作为青少年，年轻的时候如果不懂得勤学早，总是贪玩，不懂得努力学习，到了白发苍苍的时候就会后悔读书已经迟了。所以，在美好的青春时光里，学习的机会是逝去如飞的，只有及时读书才不会老来后悔。

晋朝有个"陶侃惜阴"的故事，非常值得我们学习。

陶侃是著名诗人陶渊明的曾祖父，他特别珍惜时间。在他为官的时候，没事时总喜欢一大早把一百多块砖搬到书房的外面，到晚上又把这些砖搬到书房里。别人见了很不解，于是问他："你为什么要把砖搬来搬去呢？"

陶侃说："我这是怕自己过分悠闲不能担当大事，所以让自己辛劳一些。"可见，陶侃时刻不忘记勤劳精神，不敢有半点懈怠。

陶侃还常常跟人讲："大禹圣者，乃惜寸阴，至于众人，当惜分阴，岂可逸游荒醉，生无益于时，死无闻于后，是自弃也！"他认为大禹作为一位圣人，尚且能够如此珍惜时间，我们这些普通人又怎能沉溺于安逸游玩的生活呢？

正所谓"积善之家，必有余庆"，陶侃的后代——著名诗人陶渊明也特别懂得珍惜时光。

陶渊明曾经写过一首《惜阴诗》，诗曰："盛年不重来，一日难再晨。及时当勉励，岁月不待人。"的确，年轻的时候，我们精力很旺盛，但是这样的时光不会重来；一天当中早晨只有一次，如果不及时学习，到老了之后我们身体衰弱了，即便想要努力，体力也不行了，岁月是不会等待我们的。

时间对于任何人来说都是24小时，但又都不是24小时。它一天天地过去，不管我们一天怎么过，这24小时都不会等待我们，所以我们一定要珍惜时间去读书学习。

再回过头来看看我们现在的表现，经常是一本书连一遍都难得翻完，甚至在业余时间连书都不碰。我们常被书外异彩纷呈的世界所吸引，常在心中想：有的是时间，等等再看书吧，又不是什么紧急的事。于是，书成了摆设，束之高阁。

当下，各种各样的书籍琳琅满目，有太多的书塞满了我们的书包，占据了我们的书柜，可它们却总是被我们忽略，而且每次都是那个堂而皇之的理由——等会儿就看，有的是时间。

孩子，为你自己读书

其实，这只不过是我们的一个借口而已。书就在我们的身边，看得见，摸得着。对于它，最好的去处就是把它们放进我们心里，而不是摆设在那里落满灰尘。因此，不要再让时间荒废下去了，及时读书吧！

读书小贴士

　　对于学习来说，拖延是最具破坏性的，它很容易让人丧失进取心。拖延的习惯一旦养成，就会根深蒂固。因此，我们必须在第一时间解决拖延的问题，这样才能在饱满的精神状态中找回自信，学有所成。

一分耕耘一分收获，勤奋的人最优秀

我们每个人的一生，就像是一次漫长的耕耘。在这个耕耘过程中，需要付出辛勤的劳动。因此，勤劳是我们必须具备的优秀品质。人们常说："天行健，君子以自强不息。"说的是自然万物的运行没有一天停止，太阳升起又落下，24小时都在转动，我们也应该有这样自强不息的精神。

所谓自强不息，也就是勉励自己，不断努力，勤于耕耘。当然，自强不息不是让我们每天努力玩电子游戏，努力上网，而是要我们勤奋读书，努力学习，提升自己的能力，用我们学到的知识、本领，将来成就一番事业。

一分耕耘一分收获。撒下种子，能不能获得丰收，取决于我们每一个人的勤劳与否。读书学习，付出多少才能收获多少。自古以来，很多名人就是从小在读书的道路上勤于耕耘，最终功成名就的。

东汉时期的王充，小时候就与其他儿童不同，别人喜欢捕雀捉蝉，他却在家一心读书写字。六岁时，父亲开始教他读书，他就能过目不忘；八岁进书馆读书，学馆里的学生几乎都挨过老师的鞭子，只有王充循规蹈矩、成绩优良而受到老师夸奖。

王充记忆力也好得出奇，在学习《论语》《尚书》的时候，一天就能背诵千余字，并且能懂得意思，真可谓是天才。然而，他并没有因此而骄傲自满，而是一直勤奋好学，刻苦用功。正是由于他的勤奋刻苦，他得以被保送到京城洛阳的太学里去读书。

进了太学，在良师益友的教育与熏陶下，王充更加发奋用功了。他的老师讲课时喜欢旁征博引，内容十分丰富。王充对老师引证过的材料，一定要找出来亲自读一遍，有了体会，才确信自己完全懂得老师所讲的内容了。

几年之后，太学里收藏的书都被他读遍了。于是，他便利用课余时间去洛阳街上的书铺里读书。如此有才而又勤奋的王充，后来成为历史上著名的思想家。其不朽著作《论衡》，被誉为"黑夜里发射出的人民智慧之光的明灯"。

王充的读书经历对我们具有重要的教育意义，其实，大多数名人，无论是思想家、科学家还是艺术家、作家，只要是有成就的人，我们会发现他们比任何人都要勤奋刻苦，他们付出的努力远比普通人要多。可见，读书只有勤于耕耘，才能硕果累累。

勤奋是一个人做人的根本，也是读书学习的根本。选择勤奋努力，我们就会变得更聪明，更热爱学习，更有责任感，将来也必将有所成就。即便我们没有别人那样的天赋，但只要培养起勤奋的品质，将来参加工作也能凭借自己的勤奋稳步前进。

相反，有着聪明的头脑而不勤奋学习，或者只是一时兴起，不能持续保持勤奋的状态，渐渐会由勤奋变得懒惰，最终变得贪婪，形成作弊、蒙骗的不良习惯，产生不劳而获的想法，最终成为一个恶劣之徒。

因此，在该奋斗的年龄，千万不要放纵自己。选择努力耕耘，才是我们正确的道路。

读书小贴士

勤劳是走向成功的唯一途径，没有它，天才也会变成呆子。一个勤劳的人，即便资质平平，经过勤奋地学习，不断地努力，也一定能够开发出自己的潜能。所以，无论你的天赋如何，请变得勤奋起来吧！

业精于勤，读书一定要用功

天下无难事，只怕"勤奋"二字。"勤"就是劳的意思，就是努力将一件事情反复地去做。而"奋"字，原本是代表鸟努力振动翅膀，上面的"大"字更代表着鸟飞翔的姿势。我们知道，鸟飞翔的时候一定是在不断地扇动翅膀。这是在告诫我们，人生的道路上应该要有这样的一种精神——勤劳奋斗。

古人讲："君子终日乾乾，夕惕若厉。"说的就是一个修德的君子一天到晚都是在努力精进的，都是在勤奋不息的。到了晚上还是非常小心谨慎，无时无刻不在努力，任何时候都不能懈怠。只要有这样的精神，那么人生中便没有什么事情是不能成功的。

对于我们青少年来说，勤奋读书是每天必做的功课，不劳而获的思想是要不得的。自己收获的果实才是最甜美的，自己收获的果实也最值得珍惜，唯有勤劳才能受益终身。

南北朝时期，南方梁朝有个叫王筠的人，自幼聪明过人，七岁就能写文章，十六岁就写出了《芍药赋》，文辞极美，被人们广为传诵。因此，渐渐地在乡里有了名气，大家都称他为天才少年。

王筠听了大家对他的评价，并没有因为自己能够作几首诗词而骄傲，而是一如既往的谦虚，依旧刻苦学习。在平时的读书中，五经被他读了七八十遍，尤其是他喜爱的《左氏春秋》，更是读得滚瓜烂熟，还从头至尾抄写了五遍。

说起抄书的习惯，王筠在十三四岁的时候就开始培养了，他每读一部书，都要把这部书整个抄写一遍。除了《左氏春秋》外，他还抄写过《周官》《仪礼》《国语》《尔雅》《山海经》《本草》各两遍，子史诸集各一遍，抄成的本子，共有百余卷。

王筠认为，只有边看书边抄书，做到眼到、口到、手到，才能深刻地记住书中的内容。经过刻苦用功，王筠的学问大有长进，文章越写越好，连当时著名的文学家沈约都自叹不如。

王筠的勤奋学习不仅成就了他的文学，著书百余卷，流传后世，更是成就了他的仕途，最终得到朝廷的重用，做过尚书吏部郎、秘书监、光禄大夫、太子詹事等官，充分发挥了他的才干。

孩子，为你自己读书

我们常常为古代圣贤的聪明才智所折服，一心想成为像他们那样才华横溢的人。然而，我们往往忽视了他们勤奋学习的精神。因此，想要成为学富五车的有识之人，想要将自己的潜力发挥出来，关键就在于"勤奋"二字。

或许有人会认为家庭条件差就没有条件读好书。其实，越是艰苦的条件往往越能激发我们的斗志，越能促使我们勤奋学习。许多出身贫困的普通人，通过勤奋好学，照样能够成就一番大业；而生于富贵家庭的人，若不勤奋读书，到老了知识贫乏、财富用尽，坐吃山空，反而一样会陷入苦海。

所以，我们要以快乐的心态去对待学习和生活中的苦。就好比再苦的胆汁，只要注入足够的水，苦味也会变淡。读书学习也是如此，只要我们足够勤奋，就一定会学有所成。

读书小贴士

勤奋与懒惰往往决定着两种不同的命运，勤奋的人往往是幸福的，懒惰的人大都是不幸的。不要在该读书的时候偷懒耍滑，否则到头来倒霉的还是自己。不劳而获会磨灭一个人的奋斗意志，会摧毁一个人的美好前程。勤奋读书才是自己幸福的保证。

懒惰是一种"病"，改变才能迎来美好的明天

懒惰就像疾病一样，不治将愈深。它是一种心理上的厌倦情绪，既有轻微的犹豫不决，也有极端的懒散状态。一个懒惰的人，不仅不爱从事各项活动，而且对周围的一切漠不关心。他们由于焦虑而难以入睡，起居无常，经常迟到、逃学，不知道人生的方向。

我们的懒惰，归根结底是由于心理的懈怠，而心理的懈怠，来源于一个人内心意志的薄弱。

一个成功的人，必定也是一个具有超强意志力的人。他们之所以能够取得成功，关键在于他们拥有一般人不具备的意志力。因此，他们能够坚定地战胜自己的懒惰，在勤奋中获得一个又一个成功。

明朝有一个读书人叫钱福，他自幼天资聪敏，才思过人，七岁就能写文章。少年时即为名秀才，与同县的读书人顾清、沈悦二人齐名，被人并称为"三杰"。

为了激励自己勤奋学习，他写了一首《明日歌》。诗词是这样的："明日复明日，明日何其多？我生待明日，万事成蹉跎。世人若被明日累，春去秋来老将至。朝看水东流，暮看日西坠。百年明日能几何？请君听我《明日歌》。"

钱福认为，很多时候，我们都把事情拖到明天，一天天地拖延下去。如果我们一生都在这种等待中度过，不仅虚度光阴，而且也会一事无成。如果不改掉心中的懒惰，年复一年，时间过去了，不知不觉人变老了，后悔都来不及。

钱福写《明日歌》，就是要劝诫我们珍惜时间。时间是有限的，我们不能让懒惰吞噬我们的意志，只有把有限的时间用到读书学习上，我们的一生才会有所成就。

年少正是读书时，我们又岂能让懒惰阻碍我们前进的脚步。因此，对于懒惰我们要及时戒除。就如富兰克林所说的那样："懒惰像生锈一样，比操劳更能消耗身体。"所以，为了不让"懒细胞"折磨我们的身体，赶快行动起来吧！

其实，想要战胜懒惰并非难事，我们可以从以下几个方面入手：

1. 树立强大的意志

意志是克服懒惰的一种强大动力。学习要勤奋，必须要有一个追求的目标，它是我们学习所追求的预期结果，也是激发我们学习积极性的因素，能让我们做出自觉学习的行为。因此，我们应该在每个学习阶段都树立追求的目标，时刻鞭策自己不断地去完成目标。只有内心的火种再次熊熊燃烧，懒惰才会被彻底融化。

2. 保持足够的毅力

要治疗懒惰，我们还需要有足够的毅力，也就是自己必须要提醒自己"不能再懒了，要勤快起来"，而且这可不是决心，而应该是一种自我约束，一旦对自己发布了这一条指令，那我们就该行动起来。

3. 制订学习计划

懒惰的人都是昏昏沉沉地度过每一天的，想要改变这种现状，就必须丢掉以往能拖就拖、能不做就不做的生活恶习，制订一个合适的学习计划，把一天当中的闲散时间都利用起来。一开始的计划可以松一些，然后再逐渐过渡到忙碌勤奋的状态。

懒惰会光顾我们每一个人。在面对它的时候，有的人浑浑噩噩，意识不到它的危害，以至于最终被自己的惰性吞噬；有的人则寄希望于明日，总是幻想美好的未来，结果还是一日复一日地等待下去。作为青少年，我们一定要改变自己的惰性，才能迎来美好的明天。

读书小贴士

懒惰也是一种习惯，短期的懒惰可以使人得到暂时的休整，长期的懒惰则会荒废人生。人的一生都如逆水行舟，如果任由懒惰自然发展而不加以阻拦，势必会吞没我们生命的激情，磨灭生命本该有的绚烂色彩。

制订计划，给勤奋学习一个方向

我国自古就有"凡事预则立，不预则废"的格言。对于读书学习来说，要想获得成功，就需要在学习的时候制订一个行之有效的学习计划。因为读书学习不是一件随意的事情，越是有计划地去进行，读书学习才能越顺利。而且，计划也能保证我们学习起来更有条理性，从而避免了东学一点、西学一点的混乱状态，更能让我们养成按部就班学习的好习惯。

然而，在实际的学习生活中，很多人对待学习的态度，表现出漫无目的、没有计划的状态。例如，复习的时候，看到满桌子的书不知所措，不是挑选自己感兴趣的学科，就是随便拿起一本书就看。这样学习是很难见到成效的。

我们有着如此优越的读书条件，却不知道怎样去安排、去学习，这一点我们需要向前人学习。杰出的革命教育家徐特立先生的"十年破产读书计划"就非常值得我们学习。

徐特立，出生在湖南长沙一个贫苦的农民家里，4岁时母亲就去世了，父亲和兄弟耕种田地，尽管长年累月地劳作，一家人的温饱依旧困难。为了不让孩子成为睁眼瞎，父亲省吃俭用让徐特立上了6年私塾。徐特立16岁时，就辍学在家。

18岁的时候，迫于生活，徐特立在乡村教蒙馆，一教就是10年。他一边教书，一边刻苦读书，却苦于家中没有藏书，想读的书也不易借到。买书又很困难，因为书价昂贵，他教蒙馆的第一年所得的俸金也只有3串钱，虽然后来逐渐加到20串钱，但依旧买不起书。

经过反复思考，在20岁那年，徐特立下定决心做出了一个"十年破产读书计划"。即将每年教书所得的20串钱作为家里的生活开支；而将祖母留给他的几亩薄田逐年变卖，专门用来买书。以十年为期，把书读通，不过届时也将破产。

从此，徐特立再也不为花钱买书而犹豫，一些价格很高的书，如《十三经注疏》《读史方舆纪要》等，他都一一买回来了。他开始更加刻苦地读书，当时乡村里很难找到可以相互切磋的朋友，更难找到释疑解难的先生，徐特立就只能自己去反复钻研。

就这样，徐特立把读书、买书当作他一生当中的一种特殊爱好，他收藏的图书总数达到两万多册。饱读诗书，让他成了有名的教育家和革命家。

徐特立的读书经历告诉我们，我们不能为了学习而学习，更不能毫无计划地乱抓一通，而是需要制订学习计划。计划到底应该是什么样的呢？其实，这没有固定的模式，不能完全套用现成的范例。只有我们自己试着去做，去摸索，才能找到最适合自己的计划。但有一些共性的东西，是每一个人制订计划时都应考虑到的。

1. 目标要合理

学习计划包括长期计划和短期计划。长期计划是学习要达到的总目标，制订长期计划时要胸怀大志，统筹安排，目标要合理。也就是目标既不能过高，也不能过低，要量力而为。目标过高，经过努力仍难以达到，就会挫伤积极性；目标过低，极易达到，就起不到促进学习的作用。

我们可以从小计划开始，比如几天读一本书，从书里要学习什么内容，要掌握到什么样的程度，每天可以看多少，每天要记住多少，也可以写写读书笔记，等等。如此逐渐地过渡到大计划，这样就容易形成习惯，执行起来就不会那么排斥了。

2. 计划要贴近实际

作为学生，我们的计划要贴近生活实际，一定要把学习这个因素考虑进去，同时还要兼顾运动、劳动等其他因素。日程用不着安排得太满，毕竟没必要一上来就给自己安排一个高强度的计划，否则一旦我们对计划产生了厌烦心理，那计划的实施可就成了问题。

3. 科学安排学习时间

我们制订学习计划时要考虑到完成的可能性，包括上学、作业、做习题、运动、睡觉、吃饭等日常活动都应当考虑在内。因此，在学习计划当中要把学习任务细化分配到每个月、每个星期、每一天，再通过细致的时间计算来判断我们能够集中精力用在学习上的时间有多少，然后根据自身的实际情况来合理安排我们的日常学习计划，这样的计划才有可行性。

4. 学习计划必须坚持

一个科学合理的计划应当建立在我们的实际情况和要求基础之上，具备实现的条件。读书计划列出来之后，我们要时刻督促自己去执行，不要只是开头两天觉得情绪高涨就读两页，几天之后就将这计划彻底抛到脑后了。所以，对于读书计划，我们要有坚定的信心、顽强的意志去执行。所谓"志不强者智不达，言不信者行不果"就是这个意思。

　　总之，我们制订读书计划，是用它来保证和督促自己有计划地去读书学习，而不仅仅是写在纸上作为摆设。计划无论做得多么详细，在执行的过程中，总难免会有细小的变动，但是不能因为受到影响就不去遵守。制订计划的目的就在于让我们勤奋地、有目标地去完成学习任务，从而取得好成绩。

读书小贴士

　　要实现长远的学习目标，绝非一日之功，必须脚踏实地，有步骤地努力去做才行。因此，从实际出发，安排好学习时间和学习任务就十分必要了。这就需要我们制订一个切实可行的学习计划。有了计划才有动力，学习才能不断进步。

坚持不懈，
用行动去追寻属于自己的梦想

第六章

任何事情的成功都不是轻而易举的，而是刻苦努力和坚持不懈的结果，学习也一样。即便你读书很努力，还是会遇到挫折。在困难面前，逃避就意味着失败，唯有勇敢面对、坚持不懈才能学有所成，才能实现自己的梦想。

勇于面对挫折，坚持才能茁壮成长

人生犹如在浩瀚的大海上航行，有风平浪静，也有惊涛骇浪。因此，挫折是在所难免的。它会带给我们不愉快的情绪体验。在这种情绪体验下，有的人会一蹶不振，有的人会继续奋发努力。

读书学习的道路也一样充满着挫折。我们总会遇到理解不了的知识，碰上做不出来的难题，也会遭遇解答出错的尴尬，还可能会在种种原因的影响下考出糟糕的成绩。这些都是再平常不过的事情了，问题就在于我们能不能以一颗平常心来应对挫折，有的人选择在挫折中成长，有的人却会被挫折打败。

作为青少年的我们，由于认知和心理发展得不够成熟，常常不能对挫折做出正确、积极的应对，对自己产生片面、偏激的认识，这非常不利于我们的健康发展。因此，树立正确的挫折观非常重要。

　　学习就是一个由不懂到懂的过程，其中遭遇挫折并不是什么丢人的事情，每一个人都会经历，所以没必要因为一点挫折就觉得抬不起头来，勇敢地迎上前去并想办法战胜它才是正确的表现。下面看看古代名人在挫折面前是怎么做的吧！

　　张居正是明朝著名的宰相，他自幼聪慧、勤奋好学，十二岁就参加荆州府科试，立地交卷且文采横溢，博得主考官的一致喝彩，从此被誉为"神童"。

　　他在十三岁的时候又赴武昌应试，湖北按察会事陈束看了他的试卷，拍案叫绝。这个时候，正值湖广巡抚顾玉麟来武汉巡游，陈束兴冲冲地将张居正的试卷拿给他看。顾玉麟看后，也称赞张居正是个奇才。

　　陈束以为张居正一定会被录取，不料，顾玉麟却说："最好让张居正落第。"陈束迷惑不解，顾玉麟解释说："居正年少好学，吾观其文采志向，是个将相之才，如过早让他发达，易叫他自满，断送了他的上进心。如果让他落第，虽则迟了三年，但能使他发现自己的不足，反而更能使他清醒，促其奋发图强。"

　　就这样，张居正落第了。但他并没有因此而放弃考试，后来也证实了他的才华，最终成为明朝有名的首辅大臣。

从这个案例中，我们不难看出顾玉麟在选择人才和培养人才上的远见卓识。张居正之所以能够成为明朝中兴的一代杰出政治家，在险恶环境中坚持革新政治、匡正时弊，具有不达目的绝不罢休的坚韧精神，与他年轻时培养出的面对挫折的优良品质息息相关。

其实，不仅仅是张居正，许多名人在取得成就的道路上无不以挫折为台阶。《史记》的诞生，是司马迁忍受着巨大的屈辱而写就的；《命运》交响曲，是贝多芬双耳失聪后的产物。可以说没有挫折做坚实的基础，就不会有事业上的成功。我们要想树立起自己的成功之碑，也必须以挫折为基础。

那么，我们应该怎样应对挫折呢？

1. 学会坚强一点

面对挫折，我们需要坚强一点才不会被挫折吓倒。对于还在成长的我们来说，挫折是再好不过的成长促生剂。因为挫折会让我们看到自己的不足，把我们的缺点毫无保留地暴露出来，越早经历挫折，我们才能越早纠正错误、弥补缺陷；越多地遭遇挫折，我们才能越快地完善自我。

当然，在挫折面前，感到郁闷、难过，这也是人之常情，有这样的情绪是正常的，不过可不要陷入这样的情绪之中无法自拔。我们应该将更多的精力投入思考为什么会出现这样的挫折以及解决方法中去。

2. 树立勇气和自信

一个人只有勇于尝试，不断积累经验，才能不断提升自己的能力。能力得到及时有效的肯定，就会变得自信。有自信的人才会有所成就。所以，当遇到挫折时，我们要用平静的心去面对挫折，要有勇气和自信客观地去寻找挫折出现的原因，并及时做出相应的调整和改变，找回进一步尝试的信心和勇气。

3. 适当宣泄情绪

不良的情绪状态会导致大脑释放一种有害物质，使人身心疲劳并促使主体心理积极性发生改变，影响个体的思维过程和敏捷性。甚至，挫折还会使我们产生紧张、焦虑、失望等消极情绪，会使神经系统，特别是大脑功能处于紊乱、失调的状态，无法进行创造性的思维活动，严重的挫折会导致弱者精神崩溃、大脑神经细胞遭到破坏，造成不可逆的损伤。因此，有了挫折之后，也要通过合适的方法宣泄糟糕的情绪。

一个一心向着自己目标前进的人，整个世界都会给他让路。只要勇敢面对学习上的挫折，每一个人都能站在万人瞩目的成功舞台上。可见，只要我们不畏挫折的阻拦而奋力跨越，成功就会向我们招手！

读书小贴士

任何挫折都是我们成长中的台阶和经历，人生路上从来没有"失败"这个概念，只有暂时未成功的人。所以我们要感恩挫折，在挫折中成长和学习！

读书要有志、有识，更要有恒心

读书学习是一个永恒的课题。《三字经》里说："玉不琢，不成器，人不学，不知义。"学习是把钥匙，可以为我们开启精彩世界的大门，拓宽我们的视野；学习是座灯塔，可以指引我们找到正确的方向和道路。然而，学习并非一蹴而就，必须要有坚持不懈的恒心。

清朝大臣曾国藩曾经讲过一段话："盖士人读书，第一要有志，第二要有识，第三要有恒。有志则断不甘为下流，有识则知学问无尽，不敢以一得自足，如河伯之观海，如井蛙之窥天，皆无识者也；有恒则断无不成之事。此三者缺一不可。"

这告诉我们，读书想要取得成就，就必须具备以下三个条件。

第一，要有志向。这个志向是指读书志在学为圣贤，为官，为国家服务，而不是为了自己的一己私利。只有拥有这样高尚的追求，我们的学业才会有长进。

第二，读书要有见识。见识宽广，我们才知道学问是无穷无尽的。如此，我们才不会自以为是。越是有学问的人，越懂得谦虚，而越无知的人，就越傲慢。以傲慢的态度去读书学习就很难进步。

第三，读书需要恒心。学习如同织布，需要日积月累，一旦停止，就如被割断的布匹一样，前功尽弃。一个人没有恒心，成就不了事情，而如果我们能够持之以恒地对待学习，就不怕学问做不成。

阎若璩出生于一个书香世家。祖父阎世科是一名进士，做过兵备道参议，母亲丁氏也是一位懂诗文的女子。由于有深厚的家学渊源，阎若璩自幼就受到家庭的文化熏陶。

然而，不幸的是，阎若璩幼年体弱多病，落下了口吃的毛病，秉性也变得迟钝。这给他造成了极大的影响，很多时候，读书至千百遍，还不了解书文的大意。

虽然身体上的缺陷严重影响了他读书学习，但他不愿屈服于命运，仍然自强不息，勤勉不怠。每当同学日暮抱书回家之后，他仍然在那儿不断地背诵学习。

水滴石穿，积思自悟。他读书的恒心与坚持给他带来了收获，在他15岁的一个冬夜里，他的心智忽然开朗，如同门窗轰然洞开，屏障全部脱落。从此以后，他便练就了读书过目不忘的本领。

世上一切有价值的事情总是需要经过艰辛而漫长的奋斗历程才会成功，真正的学问也从来没有速成的。阎若璩虽然天资存有缺陷，但他用恒心弥补了自己的不足，最终成为一位朴学大师。

作为青少年的我们，在学习的过程中，每个人的资质不一样，但大多相差无几。为什么有些人的学习成绩一路攀升，而有些人的学习成绩则止步不前，甚至是下降呢？这其中的原因有很多，对学习的恒心就是要素之一。

可见，坚持不懈的恒心是取得成功的必备素质，也是取得成功的必需条件。如果我们想与众不同，想在未来取得成功，那么，我们要拥有的最重要的素质就是比其他任何人都坚持得更久的能力，这种能力就是恒心。

读书小贴士

　　恒心是成功的基石，一个人可以做到他想做的一切，需要的只是坚韧不拔的毅力和持久不懈的努力。在学习上，失败是常见的。但是，一次失败并不等于永远不会成功。只要保持坚持不懈的精神，就一定会走向终极的彼岸。

坚持不懈，才能学有所成

坚持不懈是取得成功的必备素质，它犹如一条红线贯穿始终，是长久不变的意志表现。荀子说："骐骥一跃，不能十步；驽马十驾，功在不舍。锲而舍之，朽木不折；锲而不舍，金石可镂。"这句话充分说明了一个人只要坚持，任何困难的事情都可以做到。

其实，学习也一样，学习不是一朝一夕的事情，我们也知道学习的重要性，但是一旦学习累了，作业多了，就失去了学习的兴趣，就变得懒惰。究其根本，就是缺乏坚持不懈的精神。

在任何困难下，我们都应该向着自己的奋斗目标坚持不懈地努力，永不退缩。如果在学习中总是知难而退，那么就永远不会取得好成绩。我们要坚持把每一课学好，坚持克服每一个困难，坚定地朝自己定下的目标前进，总有一天可以把铁杵磨成针，把金石打磨穿。

曾有一个少年向陶渊明求教。陶渊明带他来到天边，指着尺把高的禾苗问："你仔细瞧瞧，它现在是否在长高呢？"

少年蹲下，目不转睛地盯着禾苗，看了半天，说："没见长啊。"陶渊明反问："真的没见长吗？那么，春天的秧苗又是怎样变成尺把高的呢？"少年不解地摇头。

陶渊明教导说："其实，这禾苗每时每刻都在生长，只是我们没观察到。读书学习也是这样。知识的增长是一点一滴积累的，有时自己都觉察不到。但只要勤学不辍，持之以恒，就会由知之不多变为知之甚多。"

接着，陶渊明又指着一块大磨石问："你看那磨石，为什么会出现像马鞍一样的凹面呢？"少年回答说："那是磨损的。""那你可曾见到，它是哪一天被磨损成这样的呢？"少年说："不曾见过。"陶渊明进一步诱导说："这是农夫们天天在它上面磨刀、磨镰、磨锄，久而久之，磨损而成。"

从这个故事中，我们可以得知，学习如春起之苗，不见其增，日有所长。而辍学则如磨刀之石，不见其损，日有所亏。学习一旦间断，所学知识就会不知不觉地被忘掉。陶渊明循循善诱的教导，让少年认识到了为学必须"循序渐进、持之以恒"的道理。这也是我们应该学习的精神。

有人说，坚持是一遍遍地重复着腻烦而又平淡的内容，是一遍遍地反复着早已习以为常的生活，是日复一日地为了同一个目标而前进。这难道不是墨守成规、枯燥乏味吗？的确，坚持可以是主动的，通过主观意志来实施，并将它进行下去；坚持也可以是被动的，在坚持中难免有强迫地去实施的成分。但无论如何，只要行动起来，即便坚持看起来是一件枯燥乏味的事情，也是有意义的。

总之，一件简单的事能坚持到底也非易事，做一件事不难，难的是每天都做同一件事而不放弃。学习需要有"绳锯木断，水滴石穿"的精神，知识的积累需要长期的付出，这正是考验我们的意志、决心、耐力、勇气的最好实践。善于坚持意味着我们具有这些品质，而具有这些品质，成功离我们也就不远了。

读书小贴士

成功贵在坚持，很多事情，只要你坚持下来，意外的惊喜就在你身边，成功就会出现在你眼前。犹如珍贵的雪莲总是开在万丈冰崖，只有不畏严寒、坚持不懈的人才能一睹她的芳容。学习也需要坚持不懈，才能金榜题名。

在绝望的时候，再坚持一下

对于绝望的人来说，黎明过后不是曙光，而是一片漆黑，风雨过后不是彩虹，而是毒辣的阳光……很多人以为自己足够强大，而当真正遇到困难挫折的时候，却发现自己是如此不堪一击。在筋疲力尽之后，他们渐渐地陷入绝望，渐渐迷失了方向。

其实，每个人都会有绝望的时候，面对绝望，最好的办法就是再坚持一下。法国昆虫学家法布尔说过："学习这件事，不在乎有没有人教你，最重要的是在于你自己有没有觉悟和恒心。"意思就是，在学习上我们必须自己勇于坚持。

我们都有过这样的经历：往往自己已经很努力了，但成绩依旧没有一点进步。这个时候，绝望的感觉便油然而生，怎么办呢？坚持就显得尤为重要。因为在绝望面前，大多数人都会选择放弃。但是，放弃只能暂时逃避眼前的困难，并不能从根本上解决问题，再加上学习本来就是我们自己必须面对的事情，所以逃避解决不了任何问题。

那么，应该怎么坚持呢？对于很多人来说，坚持是一件很困难的事情。下面，我们就来看看名人们是怎么做的吧！

爱迪生是一个伟大的发明家，他一生中有多达2000多项的发明，他也因此被人们称为"发明大王"，为人类做出了巨大的贡献。然而，爱迪生的每一项发明都凝结着坚持的力量。

为了发明灯泡，爱迪生一次次地试验，一次次地失败，当时很多人都认为电灯的发明前途黯淡。英国一些著名的学者甚至讥讽爱迪生的研究是毫无意义的。一些记者也报道："爱迪生的理想已成泡影。"

面对失败，面对他人的冷嘲热讽，爱迪生没有退却。他明白，每一次失败，都意味着向成功又走近了一步。经过13个月的艰苦奋斗，试用了6000多种材料，试验了7000多次，终于有了突破性的进展。电灯从此点亮了我们的生活。

当我们看到那些华美的灯饰时，请不要忘记，这一切都是爱迪生的坚持所带来的。可见，只要坚持就会成功，但要坚持到底就要承受一次次失败的考验！

王羲之是我国晋朝的一位大书法家，被人们誉为"书圣"。然而就是这样一位书法大家，他的成就也是在不断的坚持中获得的。

王羲之7岁开始练习书法，练字专心致志，达到废寝忘食的地步。就连吃饭走路的时候，他也在揣摩字的结构，不断地用手在身上划字默写，久而久之，衣襟都被磨破了。

17岁时，他把父亲秘藏的前代书法论著偷来阅读，看熟了就练着写。他每天坐在池子边练字，送走黄昏，迎来黎明，练完字就在池水里洗笔，不知用了多少墨汁，写烂了多少笔头，天长日久竟将一池水都洗成了墨色，这就是人们今天看到的传说中的墨池。

王羲之的成功同样告诉我们一个深刻的道理：坚持就要有持之以恒的精神，坚持就要有坚持不懈的努力！

无论是发明家爱迪生还是书法家王羲之，他们发明和练习的刻苦过程其实也相当于一个学习的过程，有开始的艰难，有过程中的一波三折，整个过程并不是一帆风顺的。学习的道路也布满荆棘，只有坚持不懈地努力才能看到最终的学习成果。

所以，在学习的过程中，如果遇到类似于"每次考试成绩都上不去，一道题做了几遍还是不会做，单词背了一遍又一遍，结果还是忘了"等令我们感到绝望的时候，我们要在心里为自己打气："别灰心，再坚持一下就会了。"

绝望往往会让一个人极度失落，因而释放自己苦闷的情绪就显得尤为重要。我们可以通过一些放松的方式，比如在操场上狂奔几圈，大喊出来。千万不要深陷这样的情绪之中，而要尝试着慢慢地调整自己的心情。然后，告诉自己学习本就是一件无止境的事情，与其为自己的不足绝望，不如满怀喜悦地去获取更多的知识。

等到情绪稳定之后，再拿出不会做的试题，重新看几遍，或是找老师、同学讨论一下，把自己做错的题目重新做一遍，把没搞明白的内容再翻一翻，一点点地学习，积累起来的知识即便无法改变下次考试，但总有一天会用到的。

所以，坚持是唯一能够获得学习进步的法宝。无论这个过程有多艰难，只要我们不轻易被绝望打倒，再坚持一下，或许我们就能像弹球一样，落得越低，弹得反而会越高，说不定就能够绝地反击，成为一个胜利者。

读书小贴士

生活不可能随时都充满阳光，总会在偶尔的时候，给你来一场暴风雨，让你猝不及防。因此，当我们处于低谷、受伤和落魄的时候，千万不要自暴自弃，风雨过后就是晴天。在绝望的时候，不妨再坚持一下。

惜时如金，
在最美好的光阴里做最有意义的事

第七章

时间，犹如一股清清的流水，你听不见它流逝的声音，更无法阻止它的前进。它是最平凡的、最珍贵的。少年时期是人生中最美好的岁月，这个阶段是大脑学习的最佳时期。所以，让我们抓住最美好的时光做最有意义的事吧！

别在最美好的岁月里浪费青春

朱自清《匆匆》一文中写道："洗手的时候，日子从水盆里过去；吃饭的时候，日子从饭碗里过去：默默时，便从凝然的双眼前过去。我觉察他去的匆匆了，伸出手遮挽时，他又从遮挽着的手边过去。天黑时，我躺在床上，他便伶伶俐俐地从我身上跨过，从我脚边飞去了。等我睁开眼和太阳再见，这算又溜走了一日。我掩着面叹息。但是新来的日子的影儿又开始在叹息里闪过了。"

时光的流逝被朱自清先生描述得如此生动而又现实，的确，时间对于我们来说是那样的残酷，它不会为任何一个人而停留。莎士比亚说过："在时间的大钟上，只有两个字——现在。"昨天已经过去，明天还未到来，我们能拥有、把握的就是今天。如果事事明日复明日，最终将虚度一生。

青春岁月是最美好的年华，对于一个人的一生来说，这段时间是读书学习的最佳时期。因为在这样的岁月里，我们可以无忧无虑只埋头学习。然而这样的时间也是短暂的，正所谓青春易逝，每一分每一秒的时间都是宝贵的。

因此，我们必须懂得惜时，养成良好的学习习惯，抓住一切时间学习知识。今天的知识积累就是为了奠定今后的事业。等到将来有一天，我们参加工作了，这些已经积累了许久的知识，就会成为我们奋斗的最大资本，让我们脱颖而出。

古今中外，凡事业有成者，都是十分珍惜和善于驾驭时间的人。他们很多利用时间的方法都值得借鉴，用在我们今天的学习上，仍然很有效果。

我国伟大的思想家和文学家鲁迅，非常珍惜时间。他有一句至理名言："时间就是生命，无端地空耗别人的时间，其实无异于谋财害命。"

鲁迅惜时如命，他把别人喝咖啡、谈闲天的时间都用在工作和学习上。他以各种形式来鞭策自己珍惜时间，刻苦学习和工作。在北京时，他的卧室兼书房里挂着一副对联，集录我国古代伟大诗人屈原的两句诗，上联是"望崦嵫而勿迫"（看见太阳落山了心里还不焦急），下联为"恐鹈鴂之先鸣"（怕的是一年又去，报春的杜鹃又早早啼叫），以此来警示自己珍惜时间。

鲁迅还在《朝花夕拾》中写道："每当夜间疲倦，正想偷懒时，仰面在灯光中瞥见他黑瘦的面貌，似乎正要说出抑扬顿挫的话来，便使我忽又良心发现，而且增加勇气了，于是点上一支烟，再继续写些为'正人君子'之流所深恶痛疾的文字。"

鲁迅用这副朝夕相处的对联督促自己珍惜时间学习和工作。也正是因为有了这种惜时如命的精神，鲁迅在他的一生中，广泛涉猎自然、社会科学的许多领域，一生著译一千多万字，给我们留下了一份宝贵的文化遗产。

然而，我们却时常感叹学习度日如年。青春年华，精力旺盛，原本是该好好学习的时间，为什么会有这样厌倦学习的态度呢？其实，这与我们没有时间紧迫感有着很大的关系。

青春岁月转瞬即逝，如果我们不能好好读书学习，无论是在知识的积累上，还是在道德的修为上，都会止步不前。不仅虚度光阴，还会因为无处释放的精力而产生狂躁心理，整日无所事事，甚至学坏。

所以，千万不要觉得现在浪费一些时间不算什么，更不要认为自己的人生还长，可以让自己懈怠。人生这趟单程旅行一旦开启便永无回头的可能，在该读书的时候就要好好读书，一旦错过，将再也没有时间去弥补这场缺憾。

总之，我们能做的就是分秒必争地去刻苦读书，并且努力把书读好。时间是最客观公正的，对谁也不会多一分，对谁也不会少一秒。空虚无聊、无所事事的人虚度光阴，忙碌充实、肯读书的人充实人生，我们要争做后者。

读书小贴士

青春是短暂的，千万不要认为有的是时间去读书，这是很悲哀的事情。珍惜宝贵的时间，就是珍惜宝贵的生命。时间就是生命，时间就是效益。要想将来成就一番伟业，在未来出人头地，就必须摒弃一切杂念，集中精力读书学习。

珍惜读书时光，学会与时间赛跑

　　当我们还是一个孩子时，总感觉读书时光是如此的漫长；当我们步入社会走上工作岗位时，才发现努力学习是多么重要；当我们进入壮年时，又常常为了知识的贫乏而懊悔少年时的不努力。这或许是每一个人都会拥有的人生感悟。

　　其实，与其年老后感叹岁月流逝，不如好好珍惜少年时光。高尔基曾经饱含深情地说："孩子们无忧无虑的笑声，犹如一股淙淙流动的泉水，把那陶醉于生活魅力的动人的欢笑送上了生活的祭坛。青春是人生幸福美好的象征，又是纯真与快乐学习的代表。"

　　是啊，少年时光是那样美好，但如果不好好珍惜，终究会成为人生的遗憾。读书学习就是我们珍惜时光的最好方式。

我们知道，学习是一件很耗费时间的事情。无论看书、做练习还是思考，一旦沉浸在学习的状态中，时间不知不觉就从我们身边溜走了，这样的时间是最有意义的。然而，并不是每个人每时每刻都能如此对待时间。

有一个男生，在课堂上学会了一个公式，老师课后留下作业要求他用这个公式去解答。一般来说，掌握了公式的应用，课外练习就能轻而易举地完成，但实际情况却并非如此。

这个男生放学回家后，吃过晚饭准备做老师布置的题目。他很骄傲地告诉爸爸："今天我学会了新的公式，老师布置的练习很快就能做完。"

接着，他从书包里掏出作业本开始写作业。可是，没写到一半他就开始坐不住了，一会儿出来喝杯水，一会儿哼着歌曲。就这样写写停停，本应该十几分钟就做完的题目，却做了足足一个小时。

当他做完作业走出房间时，爸爸疑惑地问道："你不是说十几分钟就能写完作业吗？这都一个小时了，题目有这么难吗？"男孩吐了吐舌头，说道："正是因为题目不难，所以才不慌不忙地做了这么久。"

其实，很多人在学习上都是这样一种状态，原本可以很快做完的事情，却要在不紧不慢中耗费大量的时间，这种磨磨蹭蹭的习惯严重地浪费了我们学习的时间。

　　时间看不见摸不着，但它确确实实地在流逝。历来能够取得大成就者，无不惜时如金。古书《淮南子》有云："圣人不贵尺之璧，而重寸之阴。"汉乐府《长歌行》中有这样的诗句："百川东到海，何时复西归？少壮不努力，老大徒伤悲。"唐末王贞白《白鹿洞》诗中更有"一寸光阴一寸金"的妙喻。可见，我们想要取得学习上的成功，也应该珍惜时光，与时间赛跑。而要真正做到合理利用每一分钟，学习就要有计划。

　　计划其实就是对时间的统筹安排，我们可以制订一天的计划，将一天中每个时段该做哪些事情做一个清晰的安排；同时也要制订长期的计划，以便更合理地安排学习时间，保证学习的效率。

　　珍惜时间，不仅要提高时间的利用效率，还要尽量做到"今日事，今日毕"。尤其是在假期里，每天的学习同样也要合理安排。在学习过程中，只有时刻与时间赛跑，我们才能赶上他人的脚步。

读书小贴士

　　时间是构成生命的材料。节约时间，可以把生命延长；浪费时间，就会缩短生命。学会合理安排时间，可以帮助自己更有效率地学习，从而走上成功之路。一个人无知地浪费时间，是对自己生命极不负责任的一种表现。

请把时间花在有意义的事情上

　　时间从来都是不变的，一天二十四个小时，一年三百六十五天，不断地循环往复。会变的只是我们对时间的感受。随着岁月流淌，日月轮转，我们无法阻挡时光的流逝，能够做到的便是对每一秒都倍加珍惜。

　　然而，在生活的道路上，大多数人走得稀里糊涂。人生如此短暂，哪些事情需要立即去做，哪些事情可以缓缓再说，哪些事情该占用大量时间，哪些事情只需蜻蜓点水即可，我们很多时候并没有太明确的想法，只是在被动地接受时间的安排。

　　作为青少年，我们该如何让自己的时间更有意义呢？读书学习肯定是第一位的，除此之外还有玩。的确，学和玩就是我们的日常生活，玩可以带来快乐，但玩也要有目的，如果只是单纯地消耗时间和精力而无所获益，玩也就成了一件毫无意义的事情。

事实上，大多数人都沉浸在这种漫无目的的玩耍中。因此，要想不虚度光阴，首先就要珍惜时间，用宝贵的时间去做有意义的事情，而不是一味地玩下去。沉溺于玩耍，是无法让我们成长的。读书学习才是我们应该做的事情。

杰出的无产阶级革命家李大钊先生就把读书当作是实现自己一生抱负的有意义的事。

李大钊7岁的时候入学读书，他学习十分刻苦，非常爱惜时间。有一天，爷爷有事外出，把他一人留在书房里读书。当时外面春光明媚，一群麻雀在树枝间叽叽喳喳，可热闹了。但李大钊依旧聚精会神地读书写字，不受一丝影响。

眼看就要到中午了，还不见爷爷回来，李大钊功课做得有点疲劳了，于是就去姑姑房间里，帮她做一点小活计。姑姑怕累着他，便让大钊到院子里去玩。大钊笑着说："我帮姑姑干活，就是来休息脑子的，跟到院子里玩是一样的。"爷爷回家后，听姑姑说了这件事，不禁夸道："大钊这孩子有志气，将来一定会出人头地，干一番大事业。"

后来，李大钊13岁的时候，跟黄玉堂老先生读书，那时候政府腐败无能，致使国家受到外敌入侵。李大钊听先生讲当时救国的故事，深受感动，决心要挽救国家于危难。

老先生深知大钊有志于救国，便在暗中鼓励他好好学习。后来，李大钊以优异的成绩考进了北洋法政学校，走出了山乡，去寻找救国之路。几经探索后，他终于找到马克思列宁主义真理，从此开始了他的革命事业。

什么才是有意义的事呢？对于这个问题很多人可能会有些迷茫。其实，像李大钊那样去读书，这毫无疑问就是有意义的事情。当然，我们读书不仅仅限于课本知识，除了课堂上所要学习的知识外，其他只要是积极健康有意义的书，都值得一读。

我们读书学习不仅仅是储备知识，书中的道理会点亮我们的思想，就像李大钊通过读书而萌发救国理想；书中提到的各种方法，还有利于解决我们生活中的难题。可见，读书无论是从人生规划还是从日常细节来说，对我们的成长都是一件有意义的事。

除了读书之外，还有没有有意义的事情呢？当然有了。作为青少年，读书是我们主要的任务，但未来的社会需要全面提高自己的人才，我们也需要全面发展的技能。

比如，利用假期多去看看各种知识性的展览，这些展览大多以图片、文字、声音的形式展现出来，可以让我们更直观地了解知识。当然，要多看一些有意义的展览，像历史、地理、航空、文学、书画等展览都是我们涉猎不同知识领域的绝佳选择。

生命在于运动，健康的身体是从事学习活动的保证，读书之余做一些系统的锻炼活动也是非常有意义的。我们可以选择自己喜欢的运动，也可以做做家务，参加一些义务劳动。这一方面可以培养我们的动手能力，增强我们的身体素质，另一方面还可以培养我们乐于助人、善良的品德。

另外，有一句话说得好："要么旅行，要么读书，身体和灵魂一定要有一个在路上。"的确，所谓"读万卷书，行万里路"。旅行能让我们亲身接触大自然，感受书本上没有的知识。经常出去走走，可以增长我们的见识，丰富我们的阅历。

其实，生活中有意义的事情有很多，需要我们自己去发现，也需要我们自己去身体力行。所以，即便不上学的时间也不能只顾着玩，不妨多做一些有意义的事情，让自己快速地成长起来吧！

读书小贴士

青春就像一只小鸟，这会儿还在你眼前叽叽喳喳闹个不停，下一秒，就飞得无影无踪。青春是短暂的，真正的青春，只属于永远力争上游的人。想要让自己的青春过得有意义，就请珍惜时间吧。

读书，要懂得合理安排时间

因为年轻，我们总是认为人生有的是时间。因而，在对待学习的事情上，也总是漫无目的、漫不经心，这是很悲哀的事情。本杰明·富兰克林曾说："你热爱生命吗？那么别浪费时间，因为时间是组成生命的材料。"合理利用时间，可以把生命延长；挥霍浪费时间，就会缩短生命。学会合理安排时间，可以帮助我们更有效率地学习，更好地走上成功之路。

少年时期，我们面临着几次重要的升学考试，每到这个阶段，我们的学习负担就会一下子变得繁重起来。各个科目的作业变多了，大大小小的考试也接踵而至。我们每天都忙得焦头烂额，总是丢三落四。其实，这都是不懂得合理安排时间的结果。

时间对我们来说很公平，给任何人的都是每天二十四个小时。但同样是二十四小时，不同的人会有不同的效率，甚至相差悬殊。比如，有的人善于科学地安排自己的学习时间，学习、娱乐、休息安排得井井有条，学习效果自然也很好；而有的人整天忙作一团，结果过度劳累，学习效率反而降低。

因此，我们不仅要珍惜时间，更要懂得合理安排时间，合理利用时间，这样才能取得最大的成就。

柳比歇夫是苏联昆虫学家，他在去世后，给后人留下了一大笔遗产。其中包括70多部学术著作，内容涉及诸多领域；各种各样的论文和专著，他竟然写了500多印张。

此外，他还写了自己的回忆录，回顾他所涉及的许多学科，谈及自己一生的各个阶段。这么多的著作和成就，而柳比歇夫的生活几乎没有一点多余的时间，他又是如何完成这些工作的呢？

原来，在柳比歇夫26岁的时候，他独创了一种"时间统计法"。利用这个方法，他将自己每天各项活动所花费的时间都记录下来，然后对它们进行统计和分析，还会在每月进行总结，以此来改进工作方法，更好地计划未来的事务，以提高对时间的利用率。这个方法他一直用了56年，直到82岁逝世。

柳比歇夫最终能够为世人留下如此大量的宝贵遗产，正是因为他能高效地利用时间。

当然，我们也许做不到像柳比歇夫这样精细地去利用时间，但是从他的经历中我们却能得出这样的结论——只有善于利用时间、不浪费时间，才有可能做出成绩。

那么，我们怎样才能科学合理地安排时间呢？

1. 制定一份时间表

学习要想有条不紊，首先就要制定一份时间表，具体安排好哪些时间非花不可，如吃饭、睡觉、上课、娱乐等。安排这些时间之后，选定合适的、固定的时间用于学习。时间表要根据自己的习惯和特点来拟定。比如，如果习惯早睡早起，可以安排早晨背东西，不仅记得牢，理解力也好。相反，如果习惯晚睡，则可以在入睡前记忆知识，同样能取得好效果。

2. 分散安排时间效率高

自学时间集中使用不如分散使用效果好，尤其是内容前后连贯性不强的功课。比如记英语单词，与其花30分钟集中强记，不如在睡觉前和起床后各花15分钟记忆，后者效果肯定好于前者。内容相近的学科尽可能不要连续学习，这样会加速大脑疲劳，影响学习效果。

3. 合理安排娱乐时间

为了能提高学习效率，娱乐时间也是不可少的。学习不应该占据应有的作息时间，而要适当安排一些休息和娱乐。在学习了一两个小时之后，最好停下来放松一下。疲劳地学习半天，不如集中注意力学习一两个小时。只有劳逸结合，学习才能收到好的效果。很多人熬夜学习，连课间时间也不出教室，一味地埋头苦学，最终不仅累垮了身体，学习也难有长进，这种做法是不值得提倡的。

读书学习，最忌浪费时间。合理安排好时间，就等于预约到了成功。我们不仅要善于挤时间，而且要善于合理利用时间，只要逐渐地克服浪费时间的坏习惯，科学合理地让一分钟的时间产生出两分钟的效率，学习就会百尺竿头更进一步。

读书小贴士

时间，只要你肯挤总会有的。比如上学路上、等车的时候、饭前饭后等，都是可以用来学习或放松的时间。我们不妨用这些点滴的时间，记一两个单词，看一段阅读，长期坚持下来也会收获不少。

读书要见缝插针，零碎时间同样宝贵

改变是每一个人都渴望的，很多人说真的想要改变学习中的困境，但苦于没有足够的时间，抱怨每天都有做不完的作业，好不容易到了周末，又有各种活动吸引自己不能安心学习，总觉得就是没有时间读书学习。

这不能不说是一个悲哀。大多数人一开始就陷入了这个死循环，一边希望有时间学习，一边又在白白地任时间流逝。之所以会有这样的情况出现，就在于我们不懂得如何利用时间，尤其是零碎时间的利用。因而，学习日复一日，年复一年，还是老样子，从未改变过。

那么，什么是零碎时间呢？其实就是学习之外的一些比较短的时间。比如，上下学的路上或坐车的时间，等人的时间，排队的时间，等等，这些都可算得上是零碎时间。可别小瞧了这些时间，著名数学家苏步青说："我用的是零头布，做衣服有整料固然好，没有整段时间，就尽量把零星时间利用起来，加起来可观得很。"

零碎时间，只要我们利用得好，不仅如苏步青所说的那样很可观，而且能产生很好的效果。或许有些人会说，本来在学习的时间里就已经很累了，零碎时间难道不是用来休息的吗？的确，学习需要休息，但是休息的方式也有很多种，那么多的闲暇时间，适当地挤出一点来学习，才不会白白浪费掉。

那么，我们如何在这些时间里见缝插针地学习呢？我们来学习一下董遇抓紧闲暇时间读书的故事。

汉献帝时期，由于战乱，百姓生活困苦，董遇和哥哥迫于生活压力只好投奔朋友。为了维持生计，他们每天上山砍柴，然后背到集市去卖钱。

董遇是一个喜欢读书的人，每次上山砍柴的时候，他都会随身携带一本儒家的经典书籍，只要一有空闲，就拿出来诵读或者翻看两眼。哥哥见他读书，就时不时地讥笑道："读书也改变不了砍柴的命运。"但董遇却并不在意，依旧一有空就看书。

董遇利用砍柴的间隙读书，渐渐地，学问越来越大，不仅对

《老子》很有研究，并为其做了注释，在《春秋左氏传》上也颇下功夫，还写成了名为《朱墨别异》的研究心得。很多人来向他求学，但是董遇却不肯讲授，而是让他们回家将书多读几遍。他认为书读得多了，书中的意思自然就能明白了。

求学的人回答说："你说得轻巧，可哪里有那么多时间啊？还要多读几遍，这怎么可能？"

董遇说道："你应该用'三余'来读书。"

求学的人感到很惊奇，便问："三余是什么意思？"

董遇说："三余就是三个空闲的时间，冬天不再有耕作，所以是一年的空余时间；夜晚了很多人会休息，不如白天那般忙碌，所以这也可算是一天的多余时间；下雨的日子里很多事都做不了，这也是空余时间。现在你还认为没有时间吗？"

从这个故事中，我们可以感受到董遇对空闲零散时间的高效利用。故事同时也告诉我们，只要我们对学习充满兴趣，再忙也能抽出时间。或许这个时间只有短短的几分钟，但我们千万别以为干不成什么事情。

诺贝尔奖获得者雷曼说过："每天不浪费剩余的那一点时间，即使只有五六分钟，如果利用起来，也一样可以产生很大的价值。"的确，零碎的时间有零碎的用处。很多知识也是零碎的，比如新的单词、某个公式或定理，这些都非常适合在零碎的时间里学习。

我们之所以会忽视这些时间，一是我们对学习不够感兴趣，总是把学习安排在其他事情之后；二是我们对学习不够勤奋，总是在这些时间里娱乐放松。其实，要改变这个现状并不难，除了培养自己的学习兴趣和勤奋品质之外，我们应该认真审视自己一天的时间是怎么度过的，将那些忽视掉的时间利用起来。

当然，或许短期内我们难以做到充分合理地利用零碎时间，但只要我们坚持下去，一旦它形成习惯，我们就会自觉地见缝插针地学习了。另外，或许短期内我们无法从这些零碎的时间中获得巨大收获，但积少成多是一个永恒的定理，只要长期坚持下去，零碎时间一定会让我们获益匪浅。

读书小贴士

读书学习贵在集中精力，充分利用各种时间。比如，上课之前，能够预习课文，在课堂上能够认真听讲，思想不开小差，都是在充分利用时间。

不做落后者，求知的脚步要永不停歇

学习是永无止境的，犹如逆水行舟，不进则退。学习是一个发挥主动性的工作，这与我们乘飞机、坐火车不一样，它们只要没有错过出发的时间，就不用我们去考虑怎么走，它有自己的路线，我们只要坐着就到了。而学习需要努力，而且是不间断地努力。在这个漫长的过程中，我们可能会被困难打倒、被情绪带偏，所以我们手里的桨必须要一直用力划。

我们常说"知识改变命运"。所以，要想改变自己的命运，不甘落后，就必须永不停歇地学习，这或许也是父母都期盼我们成龙成凤的原因吧！

当下，我们处于一个知识的时代、信息的时代、竞争的时代。

竞争，说到底就是知识的竞争、人才的竞争。要适应时代发展的要求，要有美好的未来，就必须要有真才实学。所谓"有知者自有千方百计，无知者只感千难万难"。我们只有依靠自己的学识才干才能真正得到社会的尊重，才能拥有幸福的生活。

著名科学家史蒂芬·霍金就以他的光辉事迹向我们诠释了对学习孜孜不倦的精神。

史蒂芬·霍金出生于英国牛津，在牛津大学读书的最后一年，霍金患上了一种不寻常的早发性和慢发性肌肉萎缩性侧索硬化症，这种疾病俗称渐冻症。那时，他的动作越来越笨拙，时常不知缘由地摔跤，划船也变得力不从心。有一次，他还从楼梯上摔下来，头先着地，造成暂时的记忆力轻微丧失。

后来，在剑桥大学就读时，他的状况更加恶化，讲话有些含糊不清。霍金的父母亲也注意到他的健康问题，带他去看专科医生。霍金21岁时，医生诊断其患有肌肉萎缩性侧索硬化症，医生预测他的剩余时间只有两年。但是，两年光阴飞驰而去，他仍旧顽强地活着。

命运如此不公，却没有把他击垮。霍金不愿对恶疾低头，甚至不愿接受任何帮助。他最喜欢被人视为科学家，然后是科普作家，最重要的是，他希望自己被视为正常人，拥有与其他人相同的欲望、干劲、梦想与抱负。就这样，他用了自己的毕生努力完成了《时间简史》的创作。这是人类历史上的一大重要贡献，对世界产生了极大的影响。

人们在为他的成功而欢呼雀跃的同时，更对他的悲惨遭遇深表同情。然而，霍金却这样说道："如果没有我的残疾，我就不会这么用心地从事科学研究，就不可能取得如此大的成功！"

从霍金身上，我们看到了一种不屈服于命运的伟大精神，虽然遭受巨大的病痛折磨，但他却依旧坚持对科学的探索，这种精神何尝不是我们需要学习的呢？

学习这条路是漫长的，一路上会遇到各种阻碍前进的石子。如果我们能认清它，这些石子便是我们勇攀知识高峰的"垫脚石"；而如果我们只是无视它们的存在，或是选择避而远之，那么"垫脚石"也只能成为"绊脚石"。

我们上学的目的就是学习，为今后的发展奠定基础，为自己的前程和未来创造条件。如果不好好学习，就等于放弃自己的前途，这是对自己、家庭和社会都极不负责任的行为。没有知识就难以成才，唯有勤奋学习，我们才能够获得真才实学，才可能有美好的前程和未来。在学习的过程中如果停歇不前，只会造成停滞和懈怠，让我们前功尽弃，落到队伍的最后。

读书小贴士

　　学习是不分年龄的，任何时候都不晚；学习也应该是多途径的，除了从书本中学习，我们还应该向成功人士、向身边的人学习。我们要有"活到老，学到老"的精神。

专心致志，
学习要时刻保持专注精神

第八章

专注就是集中精力做好一件事，专注就是长时间地全力以赴，专注就是一心一意、坚持不懈，不达目的决不罢休。可以说，专注是做任何事情的法宝，学习也要有专注精神，只有把精力集中在学习上，学习才能不断进步。

专注，你的学习才会更高效

专注力是指一个人专心于某一事物或者某一活动时的心理状态。在学习的过程中，很多人能够集中注意力聆听老师讲解的时间非常短，经常做些小动作，不是说话，就是发呆。其实，这些表现产生的根源就在于我们上课时注意力不能持久集中，专注力涣散。

一般来说，在学习时，保持注意力高度集中、专心致志，有利于我们把所有精力集中投入到正在进行的思维活动中去，使思维在特定的问题上处于最佳的激活状态，从而让我们的大脑能够高效地进行工作。对于很多人来说，成绩的落后往往是学习时没有养成专注的习惯而导致的。

我们身边常常有这样的人，他们兴趣广泛，精力旺盛，思想活跃，但真正做起事情来却总爱开小差，效率低下。虽然学习能力并不差，却因为不专注而总是难以有大的突破。可见保持专注的重要性。

实际上，专注的力量是惊人的，我们只要集中精力专注于自己正在做的事情，做起事来就不仅轻松、有效率，而且还能够把事情做得更好。

法国作家莫泊桑，从小就表现出了聪明才智。一天，莫泊桑跟舅父去拜访他的好友福楼拜。舅父想推荐福楼拜做莫泊桑的文学导师。可是，莫泊桑却骄傲地问福楼拜："您会些什么？"福楼拜反问莫泊桑："你会些什么？"

莫泊桑得意地说："我什么都会，只要您知道的，我就会。"

福楼拜不慌不忙地说："那你就先跟我说说你每天的学习情况吧。"

莫泊桑自信地说："我上午用两个小时来读书写作，用两个小时来弹钢琴，下午用一个小时向邻居学习修理汽车，用三个小时来练习踢足球，晚上，我会去烧烤店学习怎样制作烧鹅，星期天则去乡下种菜。"

说完后，莫泊桑得意地反问道："福楼拜先生，您每天的工作情况又是怎样的呢？"

福楼拜笑了笑说："我每天上午用四个小时来读书写作，下午用四个小时来读书写作，晚上，我还会用四个小时来读书写作。"

莫泊桑不解地问："难道您就不会别的了吗？"

福楼拜没有回答，而是接着问："你究竟有什么特长，比如有哪样事情你做得特别好的？"

这下，莫泊桑答不上来了。于是，他便问福楼拜："那么，您的特长又是什么呢？"

福楼拜说："写作。"

原来特长便是专心地做一件事情。于是，莫泊桑下决心拜福楼拜为文学导师，一心一意地读书写作，最终取得了丰硕的成果。

这个故事告诉我们，认真做事不可怕，可怕的就是专注地做一件事情。莫泊桑兴趣广泛，充分利用时间去认真地做每一件事情，这固然是好的。但福楼拜一心写作，这是更难能可贵的。很多时候，一件事情的成功就是长期专注投入的结果。

现在再回过头来问问自己：我平常是个做事专注的人吗？例如，听课时会自觉或不自觉地转移注意力；每学习一会儿，便会找各种理由起来活动；在家中会喜欢开着电视或听着音乐学习；等等。

这些行为和意识虽不会直接导致学习活动的中断，但它会使我们的思维总徘徊在一个肤浅的层面上，而不能达到纵向的深入，因而使我们难于在精神上达到高水平的激活状态，思维上也缺乏应有的深刻性。

其实，我们与其对着书本几小时却心不在焉，还不如几十分钟的全神贯注。在无心读书的时候，我们不妨暂时离开书本，这样做可以使我们在接下来读书时注意力更加集中。

总之，学习如果没有专注的精神，那么在面对繁重的学习任务时，就会遇到思维深刻性不够的困难，我们就无法聚精会神地吸收知识和思考问题。而专注地投入学习，我们不仅不会感到疲惫，还可以取得事半功倍的效果，因为专注力会让我们的思维和行动变得更加积极。

读书小贴士

因为专注，所以成功，专注会让我们把外界的干扰摒弃在自我的耳朵之外，到达一种忘我的境界。只要我们能找出一个专心的对象，无论状况多么糟糕，我们都能保持岿然不动，泰然处之。

集中精神，把握课堂"黄金45分钟"

　　在我们生活和学习的过程中，注意力起着非常重要的作用。有人说，注意力是学习的窗口，没有它，知识的阳光就照射不进来。的确，对学习来说，注意力的好坏至关重要。

　　在学习的过程中，我们只有集中精力才能清晰地感知事物，深入地思考问题，而不被其他事物干扰；一旦失去注意力，我们的各种智力因素，如观察、记忆、想象和思维等都将失去控制。

　　虽然集中注意力是我们获取有用知识、形成专业技能、培养严谨态度、树立伟大志向的关键，但是依旧有很多人在课堂上不能够保持注意力的高度集中，这成为我们的一个通病。

　　例如，上课铃响了，老师进来讲课。可是没讲多久，有的人的注意力就开始分散，比如被窗外小鸟的叫声吸引，开始讲悄悄话，思想开始游走，等等。不知不觉，一节课就过去了。

其实，这不是某一个人的课堂表现，大多数人的课堂时光恐怕都是这样度过的吧。回忆一下我们的课堂表现，自己都做过些什么事情呢？手托着下巴神游，偷偷吃零食，偷看课本下压着的小说，和同学传纸条，睡觉……

这些都是不应该有的表现，课堂学习应该像下面这个故事中的捕蝉人一样，集中精神，方能满载而归。

话说有一次，孔子带领学生去楚国采风。他们一行人从树林中走出来，看见一位驼背翁正在捕蝉。他拿着竹竿粘捕树上的蝉，就像在地上拾取东西一样自如。

"老先生捕蝉的技术真高超。"孔子恭敬地对老翁表示称赞后，接着又问道，"您捕蝉想必是有什么妙法吧！"

捕蝉翁说道："方法肯定是有的。我练捕蝉五六个月后，在竿上垒放两粒粘丸而不掉下，蝉便很少捕住；如垒放三粒粘丸仍不落地，蝉十有八九能捕住；如将五粒粘丸垒在竹竿上，捕蝉就会像在地上拾东西一样容易了。"

捕蝉翁将将胡须，一本正经地向孔子的学生们传授经验，他说："捕蝉首先要学练站功和臂力。捕蝉时身体定在那里，要像竖立的树桩那样纹丝不动。竿从胳膊上伸出去，要像控制树枝一样不抖动。另外，注意力要高度集中，虽然天大地广、万物繁多，但在我心里只有蝉的翅膀，专心致志、屏息凝神。精神到了这番境界，捕起蝉来，还能不手到擒来、得心应手吗？"

大家听完驼背老人捕蝉的经验，无不感慨万分。

蝉是非常灵活的昆虫，想要捕捉它绝非易事。捕蝉翁能够手到擒来，除了技艺超群外，精神高度集中是成功的关键。课堂学习其实也如捕蝉，每节课的课程安排都是有目的的，比如每一堂课要学什么，学生应该掌握到什么程度。老师也会用最浅显易懂且最精练的话语将知识讲出来，如果一走神，知识便如蝉一样飞走了。

由此可见，对于我们来说，课堂上任何一种不认真听课的行为，都是在分散自己的专注力，都是在让自己白白错过学习的大好机会。我们只要充分利用好课堂上的时间，就可以少走许多弯路、少浪费很多时间。

那么，该如何高效利用课堂上的这段时间呢？我们的自觉安排很重要。

首先，上课前，我们要做好预习，把不懂的、有疑惑的地方标出来。等到上课时，紧跟老师的思路，集中精神认真听。如果依旧不明白，就要当堂提问或者课下请教。

其次，要善于把握提问和讨论的时间。一般来说，课堂讲了一段时间之后，老师为了让大家放松一下，可能会让大家提问或讨论。这时候，有不懂的问题就可以向老师提问，或者把自己刚才没太懂的地方和同学们讨论一下。不过需要注意，讨论的时候要围绕着课程内容来展开，不要讨论其他无关话题，这样我们的思路就不会被带跑。

每堂课的最后时间，老师一般会进行总结，或者留下作业。这个时候千万不能放松，要及时拿出笔来记录老师讲的内容。只要手中的笔动起来，就能防止因为精神疲劳或是下课时心情喜悦而分散注意力了。

一堂课虽然时间不长，但要始终保持高度集中注意力是不容易的，而且也是非常累的。因此，培养听课的注意力需要一个过程，只要循序渐进，渐渐地，我们就会发现课堂时间越来越短暂，这个时候我们的注意力其实已经能够高度集中了。

读书小贴士

自我暗示能够激发内在的心理潜力，调动心理活动积极性，有助于集中注意力，避免注意力涣散。我们可以在学习时用自言自语的方式提醒自己"集中注意力，不要分心，努力听讲"，这样，也能起到集中精神的作用。

快乐学习就是学要专注，玩要尽兴

学习是我们的主要任务。对于一个学生来说，除了学习，剩下的恐怕就是玩耍了。我们会发现有些人平时比较贪玩，他们课间休息时嬉笑打闹，也不接受什么课外辅导，但考试成绩却很好。而有些人，整天不见他们玩耍的身影，但考试成绩依然一般。

其实，我们都很羡慕那些爱玩但学习又好的人，为什么他们在玩耍的同时，学习成绩依然很好呢？真正的原因在于他们既懂得玩乐之法，也懂得学习之法。只要我们细心观察，就会发现，他们有一个共同点，那就是他们都是上课时专心听讲的学生。

可见，玩乐与学习，我们不应该把它们看作对立的两件事。真正会学习的人，他们能在学习中发现乐趣，而在玩耍中又能学到课外的东西；不会集中精力、无法好好学习的人，在学习的时候想着玩，玩的时候又担心还有作业没写完。

因此，我们需要平衡玩与学这两件事的关系，玩的时候好好玩，学的时候好好学。两件事，一分为二，互不干涉。

那么，我们如何做到学与玩的一分为二呢？

1. 玩要抛开一切，尽情地玩

玩就是为了获得快乐，如果玩得不尽兴，玩乐就失去了意义。所以玩耍之前，要先抛开学习上的所有事情，专心致志地去玩。别考虑还有作业没有做完，还有单词需要背会。总之，一切与学习有关的内容，都暂时丢开。

当然，玩也要合理安排时间。比如，什么时候开始玩，玩到什么时间结束，都要有一个合理的规划。规划一旦确立，就要严格遵守，不能因为还没玩够就继续玩下去。

安排好玩耍的时间之外，还要选择有意义的玩乐内容。到了玩耍结束的时间，就要及时把心收回来。可以去洗洗手，吃点东西，喝点水，简单回味一下刚才的快乐，然后准备进入学习阶段。

2. 学要认真地学

玩耍过后，心情总是沉浸在快乐之中。这时就需要用一点时间调整一下心情，把与玩相关的任何东西都抛至脑后。过去的快乐就让它过去，再回味也是无济于事的，与其沉浸在留恋的无奈之中，不如全身心投入学习中。

一旦进入学习时间，我们的精力就要放在课本和练习上，手要动起来，脑子也该转起来。尤其要制订好学习计划，在这个时间段里，任何与娱乐有关的事情都是不允许的。同时，要有具体的学习计划，比如1小时里要学习哪些知识，按照轻重缓急安排好要做的作业、要复习的功课、要预习的内容、要练习的题目等，然后按部就班地去执行。

学习和娱乐是连为一体的，相互结合，缺一不可。在学习紧张、心情烦闷的时候，适当的娱乐不但能让我们放松心情，还能提高学习效率。在适当的娱乐过后，自己也不要忘记学习。此时会神奇地发现：自己原本不会的题居然茅塞顿开。这就是玩与学相结合带来的好处。

读书小贴士

不要以为玩是一件浪费时间的事情，因为我们在玩乐中，或许能够学到一些课本之外的知识。玩乐很多时候也能算得上是一种学习。只不过，玩乐不是放纵，玩乐一定要选择有意义的项目。

学会自我控制，做更专注的自己

　　自我控制，就是我们能够完全自觉地、有意识地控制自己的情绪，支配自己行动的能力。有了自控力，我们就能成功地适应社会，形成良好的自我个性，并拥有巨大的精神力量。我们的身体健康、心智水平、人际关系和事业发展等，无不受到自控力的影响。因此，自控力是我们每一个人都必须拥有的能力。

　　自我控制能力，不仅在生活中有着重要意义，更是我们学习中的一项必备素质。对于青少年来说，由于思想不够成熟，我们往往比较容易冲动，自制力比较弱。尤其是在学习的时候，决定我们能否集中精力的一大要素，就是是否具有自我控制的能力。

　　因此，我们在学习过程中是需要有自我控制能力的，否则，我们的精力就会四处分散，想干什么就干什么，学习就会毫无进展。虽然我们都知道自我控制的重要性，但是自我控制说起来容易，做起来很难。

　　美国石油大亨保罗·盖蒂曾是个大烟鬼。有一次，他度假开车时经过法国，天降大雨，开了几个小时车后，他在一个小城的旅馆过夜。吃过晚饭，疲惫的他很快就进入了梦乡。

　　清晨两点钟，盖蒂醒来，想抽一支烟。可是当他打开烟盒的时候，发现已经没有烟了。他还是不死心，又搜寻衣服口袋和行李，但依旧毫无所获。这时候，旅馆的餐厅、酒吧早关门了，要想抽到烟，他只能穿好衣服，走过几条街到火车站去买，因为他的汽车停在距旅馆有一段距离的车库里。

　　盖蒂难忍烟瘾，便穿好衣服准备出门。在伸手去拿雨衣时，他突然停住了，他问自己："我这是在干什么？"

　　盖蒂站在那儿思索："一个知识分子，而且是相当成功的商人，一个自以为足够理智对别人下命令的人，竟然要在三更半夜离开酒店，冒着大雨走过几条街，仅仅是为了得到一支烟。这是一个什么样的习惯，这个习惯的力量有多么强大？"

　　盖蒂终于下定决心，戒掉烟瘾。于是，他把那个空烟盒揉成了一团，扔进了纸篓里。他带着一种解脱甚至是胜利的感觉又回到床上，很快就进入了梦乡。

从此以后，盖蒂再也没有拿过香烟，他的事业也越做越大，最终他成为世界顶尖富豪之一。

一件事情一旦上了瘾，想要戒掉就需要有超强的自我控制能力。盖蒂在经历烟瘾事件后，突然发现自己作为一个如此成功的人士，竟然无法控制住自己吸一支香烟。沉思之后，他终于克服了自己的这一弱点。也正是因为拥有这种自控力，他之后的事业更加成功。

作为学生，我们在学习上的自控力又如何呢？这个问题的回答可能会有些不理想。课堂上有老师的监督，我们表现得或许会稍微好一些，但依旧有一部分人想起什么就干什么；而到了生活中学习的时刻，自控能力可就是一团糟了，大多数时间，我们都是学一会儿、干一会儿别的事。

这对学习来说是一个糟糕的习惯。如果我们不能自我控制，又怎么能做到精力集中呢？精力不集中，自然就无法认真学习。这个习惯一旦形成，势必影响将来的生活和工作。难道培养自我控制的学习能力真的那么难吗？我们不妨尝试以下这些做法。

1. 给学习时间定定时

培养自己的控制能力，可以给自己的时间定定时。比如，写作业要用30分钟，那就定好30分钟，等到定时器响了之后，才能去做别的事情。当然了，刚开始的时候这样做会有些难熬，但是只要坚持一段时间，让它成为一种习惯，我们的自控力就会在不知不觉中提高了。

2. 强制自己遵守禁令

在学习的过程中，我们之所以难以自控，其实就是因为诱惑太多。例如，好吃的零食、好玩的游戏、好看的电视，以及其他令我们感兴趣的东西。要想屏蔽这些东西，我们就必须采取强制的措施。

所以，学习之前，我们不妨给自己列一条禁令。比如，写不完作业不能吃零食，没背完单词不能玩游戏，等等。最好是把它们写在一张纸上，放在书桌醒目的位置以警示自己。

3. 循序渐进地培养

自控能力的形成不是一蹴而就的，它需要在学习的过程中进行长时间的培养。所以，别轻易放弃，也别太心急。一开始也许只能控制自己安心地学习几分钟，但只要一点点增加，慢慢地时间就会越来越长。随着不断地成长，我们对自我控制有了更深刻、更清晰的认识后，自然就能收放自如了。

读书小贴士

　　自控力带给我们巨大的精神力量，一个人的文化素养同其承受能力和自控能力成正比。文化素质较高的人往往能够比较全面、正确地认识事物，认识自我和他人的关系，自觉地进行自我控制、自我完善。

培养专注力，找对方法才有效

专注，是成功者的必修课。任何事情想要成功，都离不开对目标的追求。而专注就犹如一个爱耍脾气的孩子，如果我们对它不够专一、关爱，那么它随时都会离我们而去，从而影响我们获得成功。可见，专注是引领我们走向成功的标志。

的确，良好的专注力是大脑进行感知、记忆、思维等活动的基本条件，也关系到我们工作和学习的效率。有很多人会说："我天生就注意力不够集中，通过训练也难以改变，就是没法好好集中精力去学习。"其实，这话说得有些绝对。我们之所以会注意力不集中，主要是因为学习目的不明确、学习态度不端正、学习积极性不高等问题的存在。而这些问题都是可以解决的，更何况，注意力与大脑发育程度息息相关，处于少年时期的我们，大脑还未发育成熟，我们无法对一件事长时间集中注意力，也是正常的。

当然，即便有再多的原因，我们也不能以此为借口，不再好好学习。专注力不是生来如此并一成不变的，只要训练得当，我们的注意力就会越来越集中。那么，如何来训练自己的专注力呢？以下方法值得我们学习。

1. 培养浓厚的学习兴趣

虽然我们通过意志上的努力，能够将注意力放在没有兴趣的事情上，但这是难以持久的，而且容易疲劳。而我们一旦对学习产生浓厚的兴趣，情况就会截然相反，我们不但专心地学，而且越学越有劲。

例如，杰出的数学家罗素十一岁时就开始学几何学，他回忆那段时光时说："这是我一生中的一件大事，就像初恋一样使人眩晕。我想不到世界上有什么东西会这样有趣。"可见，兴趣是一种兴奋剂，能极大地提高学习时的注意力。

2. 树立学习的责任心

一个有责任感的人应努力约束和管理好自我，促使自己专注学习，提高效率。也就是说，我们对学习的意义越清楚，完成任务的愿望越强烈，意志越坚定，注意力就越能集中和稳定。

因此，每天的学习，我们心里都要有一个明确的目标。例如，本堂课必须记住哪些内容，完成哪些练习，这一单元必须取得怎样的成绩，等等。以此来严格要求自己，注意力就不容易分散，即便一时分散了也容易把心收回来。

3. 养成做计划的习惯

不管做什么，计划都是很有用的。有了计划，做事就会有条理，先做什么后做什么一目了然。每天清晨头脑清醒的时候，可以在这段时间内挤出十几分钟来调整心情，计划好一天的学习。这个计划不一定非常具体，但很有必要，它能使我们一天的学习和做事有方向感，变得有效率。这样做的目的就是把握今天，把握现在。有了目标，自己也就会逐步变得专注起来。

4. 排除周围的干扰

生活总是缤纷多彩的，对学习产生干扰的因素也无处不在，好玩的、好吃的、新奇的、刺激的，一切能进入我们的视线和听觉范围的因素，都能吸引我们的注意力。

为了不受到干扰，我们应该试着排除那些可以引起我们注意力转移的事物和人，如玩具、电视、小说等，这些都是我们需要"排除"的对象。也就是说，要做一件事情，就应该心无旁骛地去做，如果做不到不被诱惑，那就把诱惑赶走。

5. 合理安排学习、休息时间

会学习更要会休息，我们应该根据注意力的变化规律，规划主动学习和积极休息的合理时间及间隔时间。比如学习50分钟，休息10分钟。之所以要学习和放松结合，原因就在于我们注意力集中的时间是有限的。

一般来说，当大脑过于疲劳时，注意力就开始下降，这个时候就需要停下来休息。如果强迫自己继续学习，效率肯定是不高的。

6. 不用试图一心多用

很多人为了高效，在同一时间里做几件事情，这无疑是利用时间的很好的方法，但是在学习方面，这种一心多用并不适合。毕竟我们还没有足够的统筹安排的能力，一心多用的话，很可能所有事都做不好。所以，还是做完一件事再去做另一件事比较好。在学习的时间里，就专心投入学习，其他的事情都该丢到脑后。

在学习过程中，如果能有意识地培养自己的注意力，充分运用"专注"这把神奇的钥匙，使大脑进入专注状态，那么无论是听课还是其他学习活动，都不会有分神的现象。如此坚持不懈，必将给我们带来巨大的突破和持久的成就。

读书小贴士

　　专注就是集中精力做好一件事，专注就是长时间地全力以赴，专注就是一心一意坚持不懈，不达目的决不罢休。其实，不仅仅是学习，生活中的任何一件事情只要专注，都可以获得或大或小的成功。

全神贯注地学习，远离"开小差"

宋朝大理学家朱熹说过："读书有三到，谓心到、眼到、口到。""三到"之中，心到最为重要。心到，就是集中注意力。俄国教育家乌申斯基也说，注意力是"心灵的唯一门户，意识中的一切必然经过它才能进来"。可见，善于集中注意力，是学习的重要能力。

学习是一项艰巨的劳动，需要意念的高度集中，只有集中精力去应对学习，才有可能得到好成绩。然而，对于很多人来说，全神贯注地去学习也是最难做到的。

例如，在学校里，由于有老师的监督和学习氛围，我们多少还能专心学习一会儿。但是只要有同学过来说几句闲话，我们的话题就好像是洪水开了闸门，心多半是收不回来的；也有很多时候，我们的眼睛虽然盯着老师看，但脑子里却呈现另一片景象，或是手上不知不觉玩起了新花样。

在家里的学习情况又如何呢？空间小了，周围的人少了，没人聊天了，我们就能够专心地学习了吗？其实不然，事实上，我们一样会受到其他因素的影响，桌子上的任何一样东西都能变成暂时消磨时间的工具，任何一丁点儿的响动，都能将我们的注意力从学习中拉出来。

居里夫人说过这样一句话："当你有一个伟大目标并专注付出时，那么你就会把工作当作休息。"的确，只要我们专注为目标奋斗，持之以恒，即使是在茫茫的黑夜里，也仍不至迷失方向。相反，如果我们在学习或工作上不专注，那么我们将永远不会成功。

古时候有个名叫秋的棋手，由于他的棋下得好，当地人都称他为弈秋。

弈秋收了两个徒弟，他每天尽心尽力地教导他们，想把自己高超的棋艺倾囊相授。但这两个徒弟完全不一样。

一个徒弟生性踏实认真。他谦虚好学，非常专注，把全部心思都放在下棋上，认真思索老师所做的每一步安排，仔细品味老师的每一句话。所以，他深得老师棋艺的精髓，棋艺进步飞快，连老师都为之惊叹。

另一个徒弟正好相反。他虽然天天跟在老师身边学习，但老师讲解下棋要领的时候，他眼睛是在盯着棋子，可心思却被空中的大雁占据，恨不得马上搭弓射箭，射下一只。结果，老师的讲解他一句也没听进去。日复一日，年复一年，棋艺依旧拙劣不堪，一丝一毫的进步都没有，老师对他极为失望。

这两个徒弟，一个成了棋艺高超的名手，另一个一无所获。其中的原因就在于：一个专心致志，另一个心不在焉。

学习能否取得成功，就在于我们对待学习的态度。能够一心一意学习，自然就会有所收获；如果三心二意，则难以取得成效。就像学棋的徒弟一样，不同的态度必然导致不同的结果。那么，我们该如何改变自己在学校和家里学习不专心的状态呢？

学校的学习是一项集体活动。在课堂上，如果有同学上课说话，或者做别的事情，我们应当克制自己，不要感兴趣地去听别人在说什么，只要认真听讲就好了。如果同学对我们说话，那就果断地提醒同学不要打扰自己，或是对同学的话表现得毫无兴趣，不予以回应，这样同学自然就会感觉没趣而停止讲话了。

那么，在家学习又该如何做到全神贯注呢？这就需要我们剔除一些干扰。比如，书桌上只留下与学习有关的东西，包括书本、作业本、草稿纸、文具、工具书等，其他东西统统清理。总之，就是要让自己置身于一个安静的环境，这样才能保证我们学习的专注。

专注力对我们的学习以及成长有着显著的影响。不过，培养专注力不是一朝一夕的事情。专注力需要我们在学习的过程中以持续的耐心去养成。一个具备专注精神的人，才能早日成为社会需要的合格人才，才能在未来取得成功。

读书小贴士

在学习的过程中，一旦感到思维不活跃，思考问题不通畅，那么重新控制思维的最好办法就是暂停手上的工作，让大脑得到休息。这样做能够打破我们在学习中构成的思维定式，防止精神压力的积聚，恢复大脑活力，从而保持专注力。

感念师恩，
尊师重教是读书人应有的风范

第九章

尊师重道，即尊重知识、尊重教育、尊重
人才。对青少年进行尊师重道的教育，是社会
文明进步的需要。作为一个读书人，要有感恩
之心，对老师的尊重其实就是对知识的重视。
一个尊重知识的人才会学有所成。

铭记师恩，发扬尊师重教的传统

　　中华民族自古就有尊师重道的优良传统，人们常说的"一日为师，终身为父"，就是对尊师重道最好的诠释。孟子说："师也，父兄也。"表明孟子已经把师、父兄并列，说明了师的地位之高。

　　其实，孝道和师道是中国传统文化的两个最重要的根本。古时候，每户人家都会有一个牌位——天地君亲师，天地是指大自然，君是指国家领导，亲是父母，师就是老师。大自然哺育我们，君王维护国家稳定，让我们过上安稳的生活，父母养育我们，老师教化我们，他们对我们都有着莫大的恩德。

　　所以，自古以来，人们就很注重孝敬父母和尊重老师，常常把对老师的尊敬看得和孝敬父母一样重要，对老师的礼节和对父母是一样的，父母过世要守孝，老师过世也要守心丧，可见古人对老师的尊敬。

有这样一个"程门立雪"的故事，讲的就是对老师的尊敬之情。

宋朝的时候，有一位有学问的人，名叫杨时，他对老师十分尊重，一向虚心好学。"程门立雪"便是他尊敬老师、刻苦求学的一段经历。

杨时在青少年时，非常用功。后来中了进士，他不愿做官，继续访师求教，钻研学问。当时程颢、程颐兄弟俩是全国有名的学问家。杨时先是拜程颢为老师，学到了不少知识。4年后，程颢逝世了。为了能够继续学习，他又拜程颐为老师。这时候，杨时已经40岁了，但在老师面前还是非常谦虚、恭敬。

有一天，天空浓云密布，眼看一场大雪就要到来。午饭后，杨时为了找老师请教一个问题，约了同学游酢一起去程颐家里。

到了老师家后，守门人说程颐先生正在睡午觉。杨时不想打扰老师的午睡，便一声不响地站在门外等着。

过了一段时间，天上飘起了鹅毛大雪，且越下越大。雪花在他们头上飘舞，凛冽的寒气冻得他们浑身发抖，他们仍旧站在门外等着。

过了好长时间，程颐醒来，这才知道杨时和游酢在门外雪地里已经等了好久，便赶快叫他们进来。

这时候，门外的雪已经积得有一尺多深了。

后来杨时终于成为一位全国知名的学者。四面八方的人不远千里地来拜他为老师，大家尊称他为"龟山先生"。

从这个故事中，我们可以看出古代先贤们对老师的态度是如何的尊敬。杨时为了不打扰老师睡觉，能够在大雪中苦苦等候，既有这样一份敬重之心，又岂能不获得学识呢？

然而，反观我们现在对老师的态度，实在让人担忧。比如，在学校里有的人见了老师也不打招呼，有的人问完问题也不向老师道一声谢，有的人还给老师起绰号，甚至公然在课堂上辱骂老师的事也屡见不鲜，等等。越来越多的不尊师行为发生在我们身上。

其实，我们对待老师的态度，也就是对待学习的态度。老师作为智者，向我们释疑解惑传道，如果我们对其没有谦虚受教的态度，又怎能学习好呢？我们要意识到，作为学生，学的不仅是知识，更是做人。发扬传统，尊敬老师，是当下理应所为。只有铭记老师的恩德，我们才能成就自己的学业，成就自己的未来。

读书小贴士

一个人，无论地位有多高，成就有多大，都不应忘记老师在自己成长的道路上所花费的心血，我们当饮水思源，怀师感恩。

对待老师一定要有恭敬之心

　　读书学习，既是学习知识，也是学习做人。作为一个真正的读书人，人品与学识相比，其重要性有过之而无不及。而恭敬待人就是良好人品的表现之一，首先我们对父母要有恭敬之心，也就是要尽孝。一个尽孝的人，到了学校对老师也自然会有恭敬之心，有了恭敬之心，那我们的学问自然就会大有所成。

　　在道家的《太上感应篇》里有一句话："慢其先生，叛其所事。"这里的"先生"就是我们现在讲的老师。我们知道，老师是传授圣人的道理、教授学业、解除疑惑的人。父母给予了我们生命，还需要老师成就我们的学业，所以对老师的尊敬，要和对待君王与父母一样并重。这样，我们在人生当中才会有所成就。

因此，古人很讲究尊师重道，因为只有对老师恭敬，才会对学问恭敬，才会真正有好学之心。我们有了恭敬之心，才能认真倾听老师的教诲，否则我们是难以学进去的，所以历代圣贤之人都懂得要尊敬老师的道理。

唐太宗是我国历史上的一代明君，他非常重视对子女的教育，早早地就给几位皇子选择了德高望重、学问渊博的老师，如李纲、张玄素、魏征、王圭等，而且一再教导皇子们一定要尊重他们的老师。

有一次，李纲因患有脚疾，行走很不方便，当时皇宫内制度森严，官员不要说坐轿，就是步行也是诚惶诚恐的。唐太宗知道这件事情后，破例允许李纲坐轿进宫讲学，并诏令皇子要好好迎接老师。

还有一次，唐太宗听到有人反映皇子李泰对老师王圭不尊敬。于是，他把皇子叫过来，当着王圭的面批评了李泰说："以后你每次见到老师，就如同见到我一样，应当尊敬，不得有半点怠慢。"从此以后，皇子李泰见到王圭，总是非常恭敬，听课也认真了。

唐太宗一方面强调尊师重教，专门下诏书规定了对待老师的礼遇，并告诫皇子们要见师如见父；另一方面鼓励老师对皇子的过失极言切谏。由于唐太宗的理解、支持和鼓励，每一位老师都得以坚定地履行自己对皇子们的教育职责。

唐太宗作为一国之君，地位显赫，权力至高无上，却能够如此敬重老师，或许正是因为他明白老师的教导对一个人一生的意义。其实，不仅是很多君王敬重老师，就连我国古代著名的学问家孔子，也一样对自己的老师尊敬有加。

孔子得知他的学生南宫敬叔奉鲁国国君之命，要前往周朝京都洛阳去朝拜天子，觉得这是个向周朝守藏史老子请教"礼制"学问的好机会。于是，征得鲁昭公的同意后，与南宫敬叔同行。

到达京都的第二天，孔子便徒步前往守藏史府去拜望老子。老子听说闻名天下的孔丘前来求教，赶忙整顿衣冠出迎。孔子见了老子，更是急趋向前，恭恭敬敬地向老子行了弟子礼。进入大厅后，孔子再拜后才坐下来。

老子问孔子为何事而来，孔子离座回答："我学识浅薄，对古代的'礼制'一无所知，特地向老师请教。"老子见孔子如此诚恳，便详细地讲述了自己的见解。

回到鲁国后，弟子们纷纷向孔子询问老子的学识。孔子说："老子博古通今，通礼乐之源，明道德之归，确实是我的好老师。"并且把老子比作乘风云而上天的龙。

由此可见，无论是唐太宗，还是孔圣人，他们都谦虚地向老师学习。君王先贤尚且如此，更何况我们作为普通学生呢？任何一位老师都是爱学生的，任何一位真正有道德学问的老师，都希望把学问传承下去，而最重要的是能找到一个继承学问的人，继承学问最根本的条件，就是要对老师真诚恭敬。因此，我们对待老师，应像子弟事奉父兄一样。时刻跟在老师的脚步后面，对老师的教导洗耳恭听。如此，才能把学问发扬光大。

读书小贴士

　　无论老师个人存在怎样的不足或缺陷，只要教我们知识，我们都要尊重恭敬。不要拿老师外表上的缺陷开玩笑，更不要给老师取外号，这些都是对老师不尊敬的行为。

读书学习，尊敬老师才能学有所成

《吕氏春秋·劝学》中有这样一句话："疾学在于尊师。"说的是要想很快学到知识，重要的是尊重教师。在我们求学的道路上，老师永远是奉献的代名词。他们把毕生的精力都倾注在教育事业上，不仅师德昭昭，耿介拔俗，如明月独举，高霞孤映，更有师恩惠惠，润物无声。如此伟大的老师，难道我们不应该尊敬吗？

的确，教师是一个很受人敬重的职业，尤其是在古代，教书、学习都是一件很隆重的事情。我们知道，古时候读书的地方叫私塾，大多数私塾都在祠堂里面，学生第一次步入学堂都是由父亲带领。进殿后，要向孔老夫子的牌位行三跪九叩礼，向孔老夫子行礼之后再请老师上座，再向老师行三跪九叩大礼。

孩子看到父亲向老师行礼，自然也对老师恭敬了，拜完老师以后还要献上礼物，这表示尊师重道，行完礼之后，家长就嘱咐孩子要听老师的话。这样的入学仪式让孩子真正明白要懂得尊师重道。

而今，教育的方式已经发生了变化。但是，我们的父母依旧常常叮嘱我们要尊师重道，要听老师的话。这种从小的告诫，就是为了让我们学有所成。因为，自古以来，尊敬老师的人才能成就大事。

张良拜师的故事，就很好地诠释了尊敬老师的重要意义。

张良年轻的时候，曾计划刺杀暴君秦始皇，可惜最终失败了，为此他遭到了通缉。为了躲避官府通缉，他潜藏在下邳。

有一天，张良闲游到一座桥上，遇见一位穿褐衣的老翁。那老翁见张良走近，便故意将鞋坠落桥下，让张良下桥去捡。张良把鞋捡回来交给老翁，老翁又让他帮忙把鞋穿上。于是，张良跪着帮老翁穿上了鞋。老翁没客气，笑眯眯地离开了，临走时留下了一句话："你这小伙子可以教导啊，五天后黎明时分在这里等我。"

张良按照老翁的指示，五天后天刚亮就来到桥上，不料老翁早已在那里等候，见了张良便怒斥道："跟老人约会迟到。岂有此理，过五天再早些来见我。"说完又离去。

又过五天，鸡刚打鸣，张良便匆匆地赶到桥上，可是不知，他还是比老翁来得晚。老翁这回更不高兴了，只是重复了一遍上回说的话，就拂袖而去。

这下张良可急了，又过了五天，他索性觉也不睡，在午夜之前便来到桥上等待。一会儿老翁来了，见到他便点头称赞，并从袖中拿出一本书，很神秘地说："你读了这本王者之书，就可以做帝王的先生。十年之后，兵事将起。再过十三年，你到济北，可与我重逢，谷城山下的那块黄石，便是我的化身。"说完飘然而去。

张良打开书一看，原来是太公望兵法书。张良十分高兴。后来，张良认真研读黄石老翁授予的那部兵法书，最终成了汉高祖刘邦的高级参谋。

张良之所以能够成为建立汉朝的政治家、谋士，就在于学识渊博，才智过人，而这一切都是拜师所得。可以说，在中国历史上，凡是有作为的政治家、思想家、军事家等无不尊重老师。正如古人所说："三教圣人，莫不有师；千古帝王，莫不有师。""不敬三师，是为忘恩，何能成道？"这些先哲贤圣对尊师重教的精辟论述，是多么值得我们学习啊。

总之，读书学习是我们认识世界的途径，而老师带领我们打开了知识的大门。教师的工作没有轰轰烈烈的声势，只是在一方小小的讲台上默默无闻地耕耘、浇灌，平凡而艰辛，却蕴含着伟大，创造着神奇。任何一个人的成长成才都离不开教师，那么，尊敬教师就从此刻做起吧。

读书小贴士

一分诚敬得一分利益，十分诚敬得十分利益。不同的人学习成绩之所以不一样，很大程度上是因为学习的诚敬心不同。因此，我们必须对老师、对学习有真诚恭敬之心。

尊师不仅仅是理念，更要笃行

伏尔泰说："人生来就是为了行动，就像火光总是向上腾。"古希腊哲学家苏格拉底说："要使世界动，一定要自己先动。"的确，一个成熟的人，应该是一个不需别人提醒，也能够自觉、主动行动的人；而那些驴子拉磨似的人，那些拖拖拉拉的人，注定只能原地踏步。

尊师作为我们的优良传统，更应该贯穿于我们的学习态度中。就像对待学习一样，我们知道知识很重要，也明白尊师的意义。但任何事情明白之后，只有及时笃行才有意义。尊师重教的优良传统要想得到弘扬与发展，就不能只喊口号，而需要实实在在的行动。

在尊师的道路上，先贤子贡对孔子的敬重就非常值得称道。

孔子是我国古代伟大的思想家和政治家，儒家学派创始人。他也是第一个打破贵族教育垄断，开创私学的人。他将很大一部分精力用在教育事业上，弟子多达三千人，其中有名的弟子有七十二个，子贡便是其中之一。

子贡非常尊敬自己的老师。一次，鲁国有个大夫在人前贬低孔子，抬高子贡，刚好被子贡听到了。他非常气愤，丝毫不因为那人在夸自己而给他留情面，当即打了一个比方。

子贡说："如果说每个人的才能就是一所房子，那么老师的房子围墙就有十多丈那么高，屋子里富丽堂皇，一般人无法翻过围墙看得到里边的摆设；而子贡我的房子呢，不过是只有肩高的围墙，一眼就可望尽。"

接着，子贡又把老师比作太阳和月亮，他说："太阳和月亮可是光彩照人，不是常人所能超越的呀！"大夫听了这一席话，脸上一阵红一阵白，十分惭愧。

孔子去世后，子贡悲痛万分，在孔子墓旁住下，守墓整整六年。

子贡作为孔子的得意门生，他的行为无时无刻不在践行着尊师的理念。他不仅一心维护老师的形象，更用实际行动为老师守墓。因此，我们对老师的尊敬，也不要仅仅停留在嘴上，更要在一件件的小事上去践行。

孩子，为你自己读书

那么，我们该如何在日常的学习上尊敬老师呢？

1. 尊师从鞠躬开始

在学校上下课的时候，每堂课我们都要向老师起立致敬。这个时候，有的人懒懒散散，别人鞠躬完毕，他才站起来，结果直到坐下，他也没有给老师鞠一个躬，甚至有些人连站都不愿站起来，这些行为都是对老师极大的不尊重。

因此，要真正做到尊敬老师，就从鞠躬开始吧。上下课的时候，或凡是在需要敬礼的时候都要鞠躬，而且要非常恭敬地鞠躬，把自己的腰弯下来表示谦虚，如果挺直地站在那里就是傲慢无礼的体现。一个傲慢的人不仅学不进东西，更没有尊师的品德。

2. 见到老师要问好

在课堂上，我们要尊敬老师，在生活中也同样要保持这份尊敬之情。现在有的人看见老师就像没看见一样，不打招呼就走了，这是不礼貌的。如果在路上遇到老师，我们要恭敬地站在路边热情地向老师问好。

3. 提问时要有礼节

学习的过程中，难免会遇到许多不懂的问题，自己有疑问的时候，就一定要请教老师。在请教的过程中也要注意礼节。询问老师是为了解答自己的疑惑，因此，态度一定要谦虚，提问的时候一定要站起来问，得到解答后，要说声"谢谢老师"，或是向老师鞠躬。

尊敬老师的方式有很多，包括上课的时候端身正坐，不弯腰翘足，聚精会神地听讲，这些都是对老师的恭敬。尊敬老师，需要我们在实际的学习生活中不断去笃行。我们的文化之所以能够传承千年，就在于我们有着尊师重道的传统。尊敬老师，我们才能不断传承自己的文化。

读书小贴士

任何事情有了想法，就必须及时行动。如果只是做一个思想的巨人、行动的矮子，那么，尊师只能停留在口头上。

学而有德，
德才兼备是未来成才的标准

一个品德高尚的人，才能为国家、他人着想，才有利于社会的和谐发展；而一个无德的人，不仅会扰乱社会秩序，且会被社会唾弃。作为青少年，读书不仅要学知识，更要培养自己良好的品德，德才兼备才是社会需要的人才。

良好的品行与读书一样重要

　　著名教育家陶行知先生曾经说过:"教育的核心是做人,而不是传授知识,道德是做人的根本一环。"可见,读书人应将培养自己的品行放在首位。因为道德品行一旦缺失,即便再有智慧也是无法弥补的。可以说,培养良好的品行是每一个读书人的首要任务。

　　要想拥有良好的品行,我们在日常生活中就要注意自己的一言一行,因为细节也能决定成败,可能很小的一个不良习惯就会无意中断送我们的前程。因此,读书不仅是学习知识,更是培养自己良好的品行。良好的品行能够帮助我们获得人生的成功。

　　有人说,拥有高智商就能获得成功,但是一个人如果因为拥有学富五车的学识而骄傲自大,或是不走正道,获得一时的成功或许很容易，但却很难长久。而如果能有一个好品行，再加上丰富的学识，必将使自己获得幸福、快乐，受人尊重。

关于品行，古人一直很注重这方面的培养和追求。许衡不食梨就是一个很好的典故。

许衡是金末元初著名的理学家、教育家。他自幼勤读好学，天资聪颖，七岁入学，曾问老师为何要读书，老师回答说："为了考科举。"许衡又问："仅仅是这样？"老师大为惊异。后来每次讲书，许衡都要问为什么，以致老师对其父母说："令郎聪敏过人，我不能胜任，请别求名师。"便辞馆而去。

后来，由于战乱，许衡和许多人一起逃难，经过河阳的时候，由于长途跋涉，天气又热，大家都非常口渴。同行的人发现道路附近有一棵梨树，树上结满了梨。大家都争先恐后地去摘梨来解渴，而许衡则端坐在树下，一动也不动。大家觉得很奇怪，有人便问许衡说："你怎么不去摘梨啊？"

许衡回答说："那梨树不是我的，我怎么可以随便去摘呢！"

那人说："现在时局这么乱，大家都各自逃难，这棵梨树，恐怕早已没有主人了，何必介意呢？"

许衡说："梨树没有主人，难道我的心也没有主人吗？别人丢失的东西，如果不合乎道义，即便是一丝一毫也不能接受。"就这样，许衡的德行传遍天下。元世祖闻知，要任用许衡为宰相，但是许衡不慕荣利，以病辞谢。

许衡的故事告诉我们，一个有品行的人必定会成为一个优秀、受人敬佩的人，从而得到他人的重用，改变自己的命运。好的品行犹如阳光一样灿烂，闪亮自己也照亮别人；好的品行更如涓涓的细流，滋润自己也滋润别人。

培养良好的品行有利于丰富一个人的特质，开发一个人的潜能，使他形成正确的价值观，学会建立自我、尊重他人以及关怀社会。因此，在少年时期培养良好的品行，未来才能更好地适应新环境、应对各种挑战。

培养良好的品行一定要牢记：谦虚才能赢得美名，刚毅才能性格坚忍，诚恳才能获得信任，勤勉才能获得财富，俭朴才能富足一生，节制才能生活美好，整洁才能受人喜欢，中庸适度才有退路。

读书小贴士

　　良好的品行会让你的人生之路越走越宽；低劣的品行则会让你的人生之路渐渐走入死胡同。因此，要从小意识到良好品行的重要性，自觉培养自己端正的品行。

为人谦逊："三人行，必有我师"

有一种花，名叫非洲芙蓉，花开的季节，一根根柔弱的枝条上垂挂着一簇簇粉红色花球，每个花球由二十余朵小花聚集而成，十分娇艳。最独特的，是它那永远低垂着头，一副谦逊的样子，让人心生敬佩，因而它又被称为"谦逊之花"。

是啊！很多娇艳的花搔首弄姿，可非洲芙蓉却选择了颔首低眉，静静绽放。这是一种更具内涵的美。其实，人也一样。在学习上，同样要始终保持谦逊的态度。正如我们常说的那句话，"谦虚使人进步"，谦虚能让我们意识到自己的不足，从而努力地去完善自己。

孔子曾说："三人行，必有我师焉。"可见，在任何一个群体中，每个人都有值得其他人学习的优点，每个人也都有可能在某一方面成为其他人的老师。所以，读书求学应该要有谦逊的态度，沾沾自喜只会让自己止步不前。

谦逊，不仅能够让自己学有所成，而且能让他人由心而生敬佩之情，甚至成就自己良好的声誉。神医扁鹊就是这样的一个人。

扁鹊是春秋战国时期的一代名医。青年时在管理客馆时结识了名医长桑君，后得到长桑君的真传，学到了很多医术禁方，便开始了行医生涯。由于他天资聪颖，善于汲取前代、民间经验，后来医术达到了炉火纯青的地步，随之巡诊列国。

有一次，在巡诊齐国的时候，齐国国君要封扁鹊为"天下第一神医"。扁鹊听后却坚决不肯接受，并说自己的医术并不是天下第一，自己的两个哥哥医术都比他高明。

齐国国君听后不解地问道："既然你两个哥哥的医术都比你高，为什么很少有人知道他们呢？"

扁鹊答道："我二哥能够治大病于小恙，在那些重大疾病只出现微小症状之时，就及时加以根治了。所以在外人看来，他并不会治大病。"

齐国国君继续问道："那你大哥的医术呢？"

扁鹊答道："我大哥的医术更加出神入化，能够防病于未然，只要看人一眼就可以判断出得了什么病，然后在他得病之前就及时治疗，所以也被人认为不会治病。"

扁鹊接着说道："只有我扁鹊，既不能治大病于小恙，又不能防病于未然，等到我妙手回春时，病人已经病入膏肓了，所以我的两个没有名气的哥哥才是神医，而我只算得上是名满天下的名医罢了。"

扁鹊医术了得，却自认为医术不及两位哥哥。其实并不是他的医术真的不如两位哥哥，而是扁鹊懂得谦逊，他知道自己的医术并不是无所不能的，还有很多需要学习的地方。作为青少年，我们更应该像扁鹊一样，将"谦逊"二字时刻铭记在心。因为我们所学的知识，只不过是海洋中的几滴水罢了，只有谦逊才能让我们学到更多的知识。

因此，无论是在家里还是在学校，我们都要有谦逊的态度。父母比我们年长，他们拥有丰富的阅历，可以成为我们人生的导师；老师的学识比我们高深，可以为我们传道、授业、解惑，我们任何的自以为是都有可能成为班门弄斧。同学之间更不要互相瞧不起，互相学习才能一起进步。

另外，与陌生人相处就更应该谦虚了，因为我们不了解对方到底有怎样的内涵，也不知道对方的知识水平。过于骄傲自大，很可能被他人嘲笑。唯有谦虚才不会"暴露"自己，从而得到他人的喜爱和尊敬。

总之，谦逊就像非洲的芙蓉花，永远以低头的姿势，绚丽地绽放，默默地吐香。谦逊之花，散发着一种别样的美！做一个谦逊的人，我们也会散发出一种独特的魅力，令人为之深深折服。

读书小贴士

有句话说得好："好自夸的人没本事，有本事的人不自夸。"经常吹嘘自己的人往往学识肤浅，而那些谦逊的人大多有真才实学。所以，学习要时刻保持谦虚的态度，这样才能学习他人的长处，不断完善自身，拓宽知识领域。

责任意识：勇于承担是成长的开始

梁启超曾说："人生于天地间各有责任，自放弃责任，则是自放弃其所以为人之具也。是故人也者，对于一家有一家之责任，对于一国而有一国之责任。一家之人各放弃其责任，则家必落；一国之人各放弃其责任，则国必亡。"可见，无论是对于国家还是对于家庭来说，责任意识都是极为重要的。

那么，什么是责任呢？我们可以从两个方面来理解：一是指一个人分内应该做的事情，二是指一个人能力范围内可以做到的事情。责任属于一种心理情感，它是一个人道德品质的体现。简而言之，每个人都应当做好自己能做的分内之事，履行自己应该承担的责任。

因此，我们应该对自身的行为进行反省，对于自己不负责任的错误要及时改正。尤其是面对责任不能逃避。只有从小培养自己勇于承担责任的意识，才能成为一个对人对己高度负责的人。

有这样一个故事，告诉我们，拥有良好的责任品质会帮助我们成为伟大的人。

美国一个12岁的小男孩和他的几个小伙伴在户外玩足球，由于玩得过于兴奋，小男孩一不小心将足球踢到了一户人家的窗户上，结果玻璃被击碎了。

一位老人从屋里跑出来，很生气地问："是谁干的？"伙伴们见状纷纷跑了，小男孩没有跑，而是走到老人面前，低头向老人认错，并请求老人宽恕。然而，老人并没有开恩，小男孩委屈地哭了，最后老人同意小男孩回家拿钱赔偿。

回到家，小男孩怯生生地告诉父亲自己闯的祸。父亲听后板着脸沉思着一言不发。后来在母亲的开导下，父亲才冷冰冰地说道："家里虽然有钱，但是你闯的祸，就应该由你自己对过失行为负责。"

片刻，父亲掏出钱并严肃地对小男孩说："这15美元是我暂时借给你赔人家的，不过，你必须想办法还给我。"小男孩从父亲手中接过钱，飞快地跑去赔给了老人。

从此，小男孩为了还父亲的钱，一边刻苦读书，一边用空闲时间到餐馆刷盘子，甚至是捡破烂卖钱。几个月之后，他终于挣到了15美元，自豪地交给了他的父亲。父亲欣慰地拍着他的肩膀说："一个能为自己的过失行为负责的人，将来一定会有出息的。"

后来，这个男孩便成了美利坚合众国的总统，他就是里根。在提及往事时，里根深有感触地说："那一次闯祸之后，使我懂得了做人的责任。"

其实，我们和里根总统一样，在成长的过程中都会犯下各种错误。在日常生活中，很多时候我们不愿意承担一丁点儿的责任，总喜欢任性妄为。比如不愿意承担家务，认为这种事情与自己无关；或是向父母一味地索取，而且还对父母颐指气使；在学校旷课、迟到、不认真听讲；等等。

这些不负责任的表现，相信大多数人都有过。我们应该认识到犯错误是不可避免的，关键在于我们有没有勇敢承担责任的意识。有了责任意识，才能在心底自发地促使自己改变自己的行为。

那么，如何更好地树立自己的责任意识呢？我们可以给自己列一张表，把自己该做的事情详细地写出来，包括我们在学校里该尽到的责任，以及在家庭中该尽到的责任。为了更好地履行自己的责任，我们还可以请父母做我们的监督员，对我们的行为进行监督。一个人只有学会了承担责任，才意味着真正的成长。

读书小贴士

　　我们可能会说，责任太沉重，担责任太劳累，不轻松，不潇洒。但作为社会人，我们不可能脱离责任而生存。逃避责任、坐享其成，这样的人生是没有价值的。只有勇敢地担负起自己的责任，人生才会充实，生活才有意义。这样的人生才是真正的"潇洒走一回"。

懂得包容：心有多宽广，舞台就有多大

包容是一种情怀，理解别人的同时，也会得到别人的理解；包容是一种智慧，给别人机会，也把机会留给自己；包容更是一种美德，它彰显出一个人的胸襟气度，折射出一个人的涵养境界。作为青少年，我们应该具备包容的品质。

包容，对于青少年来说，应当包括两个方面：一是做人要有包容之心，对别人的错误、不足能够包容，不斤斤计较；二是在学习方面也要"包容"，学习的知识面要广。

当我们接触的知识面更宽广时，我们的眼界就会变得更开阔，心自然也会跟着变得宽广起来，这时就不会因为一些鸡毛蒜皮的小事而和别人较真了。有了包容之心，也就意味着我们有着更为远大

的志向，这是成大事者该有的胸襟。

林肯在竞选总统前夕，一次在参议院演说时，一个议员羞辱他道："林肯先生，在你开始演讲之前，我希望你记住自己是个鞋匠的儿子。"

面对突如其来的羞辱，林肯并没有勃然大怒，而是淡淡地说道："我非常感谢你让我记起了我的父亲，虽然他已经过世了，但我会记住你的忠告。不过，即便我当选了总统，我也无法像我父亲做鞋匠做得那样好。"

参议院陷入了一片沉默。

接着，林肯面向那个议员说道："据我所知，我的父亲也为你的家人做过鞋子，如果他们的鞋子不合脚，可以请我帮忙。虽然我技术不高，但也从小跟随父亲学会了做鞋子的技术。"

然后，他又对所有的参议员说："你们也一样，如果你们穿的鞋子是我父亲做的，需要修理或改善，我一定尽可能地帮忙。但有一点可以肯定，我的手艺绝对比不上我父亲的。"

说到这里，所有的嘲笑都化作了真诚的掌声。

事后，有人批评林肯总统对待政敌的态度："你为什么试图让他们变成朋友呢？你应该想办法打击他们，消灭他们才对。"而林肯却温和地说："我难道不是在消灭政敌吗？当我们成为朋友时，政敌就不存在了。"

的确，林肯的包容让他成功地得到了政敌的尊敬，这也是他能够受到美国人民敬仰的原因之一。作为青少年，我们又何尝不需要这样的包容之心呢？

但要真正做到包容并非是一件简单的事，这不是嘴上说说就能做到的，而需要我们有一颗强大的内心。作为青少年，我们头脑容易冲动，对很多事情可能会表现得很不理智。所以，我们需要时刻提醒自己包容的重要性，多想想自己以往接触到的人和事，与其生闷气不如将心胸放开，这样就不会再受到无谓的事情的影响了。而且，在这个过程中，我们的心智也会慢慢地磨炼出来。

包容，需要发自内心，真正的宽容应该是真诚的、自然的。拥有包容的智慧才能更好地为人处世。误解、谩骂、嘲讽，很多时候不必去计较，只有以一种博大的胸怀和真诚的态度去宽容，这样的人生才不会被羁绊，才会轻松自在和快乐。

读书小贴士

　　宽容别人也是宽容自己，给别人留一些余地，你自己将得到一片蓝天。请相信，一个宽容的人，一定能得到幸福快乐的生活。

诚实守信：比知识更重要的财富

诚实守信是中华民族的传统美德，一直以来流淌在我们的血脉中。孔子说过："民无信不立。"一个人如果没有信用，那他就不能立足于社会。

有这样一则故事，说的是皇甫绩遵守承诺，自愿受罚。

皇甫绩是隋朝著名的大臣。他三岁的时候父亲就去世了，母亲一个人难以维持生计，就带着他回娘家住。外公见皇甫绩聪明伶俐，又失去了父亲，因此格外疼爱他。

外公是个很严厉的人，对孙辈们管教很严格。私塾开学的时候，就立下规矩：谁要是无故不完成作业，就按照家法重打二十大板。

有一天，上午上完课后，皇甫绩和他的几个表兄躲在一个废弃的小屋子里下棋，结果把上午留的作业忘了。后来，这件事被外公知道了，他把几个孙子叫到书房里，狠狠地重打了二十大板，外公看皇甫绩年龄最小，不忍心打，就把他叫过来说："你还小，这次就不罚你了。不过，以后不能再犯这样的错误了，不然将来怎么能成大事呢？"

虽然如此，但是小皇甫绩心里很难过，他想："我也犯了错误，外公没有责罚我是出于心疼，可是我自己应该履行立下的承诺。"于是，皇甫绩就找到表兄们，求他们代外公责打自己二十大板。

表兄们一听，以为皇甫绩在开玩笑，并没有理他。皇甫绩却一本正经地说："这是私塾里的规矩，我们都向外公保证过，如果触犯规矩就要履行挨打二十大板的承诺。你们都按规矩受罚了，我也不能例外。"

表兄们都被皇甫绩这种敢于兑现承诺、诚心改过的精神感动了。于是，就拿出戒尺打了皇甫绩二十大板。后来，皇甫绩在朝廷里做了大官，但是这种从小养成的诚信品德他一直没有丢，这使得他在文武百官中享有很高的声望。

诚信是无形的，但却能从一个人的一言一行中明显地察觉出来。皇甫绩的行为就是诚信的表现。他被免于责罚是合理的，即便不要求受罚同样也是合理的，但他没有这么做。因为虽然有些事自己不说，别人也不会知晓，但是随着时间的流逝，因为不诚信而产生的种种后果自然就会显现出来。

作为青少年，无论是在学习上，还是生活中，诚信都应该是我们道德学习中重要的一项内容。在学习上，态度要认真，不能偷懒，不能为了应付学习而学习。尤其是考试的时候，不应该打小抄、和同学商量，这些都是不诚信的表现。只有凭借自己的真才实学去应对考试，才能检验我们的学习成果。

在生活上，对待家人，我们更应该诚信，尤其是对父母不能撒谎，做了什么就是什么，没做什么就要坦然承认。另外，和朋友约定了的事情，只要没有特殊情况，就该信守约定，否则随随便便失约就是不守诚信的表现。一旦形成习惯，诚信便会离我们而去。

诚信不仅是一种自尊、自重、自爱的表现，更是真实的自我、坦荡的自我。它犹如一束火光，照亮黑暗。诚信更是我们每个人的第二张"身份证"，它会跟随我们一辈子，让我们一生幸福快乐。

读书小贴士

　　一个人的威信来自他的人格魅力，人格魅力来自平时的恪守诚信。诚信是我们做人的重要法宝，也是一个人生活最起码的道德准则，它与我们做人处事息息相关。一旦失去诚信，就等于将自己毁灭。因此，诚信是我们应该时刻保持的美好品质。

学会自律：一个优秀者的必备特质

　　道德的产生来自人们意志的自愿，不受外界的约束，可以自主规范来约束自己，所以道德的最高境界是"自律"。自律，就是在没有人监督约束的前提下，能够自己约束自己，自己管理自己，自觉地遵守规章制度，自觉地做到并做好该做的事情。

　　其实，自律和诚信一样，完全依靠自觉，不是别人要求我们怎样，而是我们自己要意识到应该怎样。一般来说，自律的人常常表现出自觉性、自制性、包容性、坚持性和自主性等人格特质。要成为强者，自律是必不可少的一种特质。

　　自古能够成大事者，无不具有自律精神。明朝首辅大臣徐溥就是一个极其自律的人，徐溥储豆的典故至今仍广为传颂。

徐溥年少的时候就性格稳重，举止老成。在私塾读书时，常常一副不苟言笑的样子。有一次，私塾老师发现他口袋里鼓鼓的，以为是小孩子的玩物，于是走近了准备责骂他贪玩，后来发现原来他兜里藏着的是一本手抄的儒家经典语录。从此之后，老师对他十分赞赏。

徐溥不仅喜欢读书，而且还十分自律，效仿古人不断地检点自己的言行。他在书桌上放了两个瓶子，分别贮藏黑豆和黄豆。每当心中产生一个善念，说一句善言，做一件善事，就往一个瓶子中投一粒黄豆。

另外，如果自己产生不好的想法，或是言行出现了过失，便往另一个瓶子里投一粒黑豆。开始时黑豆多黄豆少，于是他不断地深刻反省并激励自己。久而久之，瓶中黄豆越积越多，黑豆则越来越少。

徐溥凭着这种持久的约束力，不断地磨炼自我，完善自己的品德，终于成为德高望重的一代名臣。直到后来成为内阁首辅，他还保留着这一习惯。

徐溥对自己行为的高标准约束显示了强烈的自律意识，即使是在独处时，他也能自觉地严于律己，严谨地对待自己的一言一行。慎独是自律的最高境界，它能让一个人在独立工作、无人监督的时候仍然不被外物左右，丝毫不减自我监督的力度，谨慎自觉地按照一贯的道德准则去规范自己的言行，一如既往地保持自律精神。

作为青少年，我们也需要有徐溥这样的自律精神，尤其是在学习上，如果不自律，变得懒懒散散，学业就会一事无成。那么，如何让自己更加自律呢?

1. 制定学习规则

自律，需要通过规则来约束。因此，在学习和生活中建立起种种规则，有利于我们更好地行动。比如，学习上可以规定自己上课不随便说话，不搞小动作，认真专心听讲，等等;生活上则可以规定自己学会节俭，不乱花钱，学会自己做家务，等等。

我们可以将这些规则在纸上写出来，以便于时刻提醒自己，甚至可以对照一天的表现用不同的符号记录下来，这样能更有效地时刻监督自己。

2. 不为自己找借口

不想做一件事，有千万个借口。记住，借口是自律的敌人，无论是在学习上还是在生活上，都不要给自己找借口。比如，原本到了学习的时间，可是却被电视节目吸引了，于是，对自己说:"就看5分钟。"可是这个"5分钟"大都会无限期地拖延下去。

因此，这种借口需要严厉地杜绝，学习就是学习，不能让任何事情插入打扰。一旦设定好了学习的规则，就要坚决去执行，无论有什么借口，都应该为规则让路。

3. 不要有依赖性

很多人总是需要在父母或老师的催促下才肯做事情，一旦离开了这些约束，就会放任自己。对于这样依赖性强的人来说，自律几乎是不可能的。他们认为，在学校会有老师看管，在家有父母教育，又何必自律呢？

其实，作为青少年，我们迟早会离开学校、离开父母，自律是每个人都应该具备的一种道德，如果少年时期不培养，终会有后悔的一天。只有自己约束自己，从小抛开依赖，自己给自己订立规矩并主动去遵守，才能培养出自律的美德。

读书小贴士

建立自律时，不能过度地鞭策自己。例如，用整晚的时间制定许多目标，然后让自己从第二天就开始行动，这有极大的可能会失败。一夜之间让自己变得完美是不现实的，自律不是一蹴而就的，需要我们慢慢地养成。

为了未来的自己，努力读书吧！

每个人对未来都充满美好的预想。作为青少年，我们应该尽早明白："将来拿什么作为自己的安身之本？是年轻的容貌还是优越的家庭条件？"其实，无论是相貌还是家庭条件都无法长久，正所谓"容颜易逝""富不过三代"。真正能够依靠的就是自身的才华和技能，而这一切都需要我们通过刻苦读书来获得。

读书能够对我们产生巨大的影响，它激励和鞭策我们不断奋进，它照亮和指明前进的方向，让我们从此走上一条事业成功的道路。读书可以说是最好的、最简单的一种改变人生命运的方法。联合国教科文组织曾指出："谁掌握了知识和技能，谁就拥有了走向人生的通行证。"是的，通过学习我们获得知识，从而改变我们的认知，提升自己做事以及处世的能力。

在青少年时代，没有比读书更能带给你力量的事情了。有智者说："读书能够使穷人摆脱贫困，能够使失败者看到希望，能够使逆境者找到前行的勇气……"的确，家庭的富裕并不能带来长久的幸福，精神上的富裕才能真正创造美好的生活。

我们要记住一句话："不读书，就无法获得知识，没有知识，就会止于愚昧，甚至走向堕落，就无法生存，更谈不上有质量的生活。"可见，读书对未来生活有着重要意义，它会不断激励我们走向事业的坦途。

当今社会，拥有知识的多少，不仅是一个人综合素质的体现，更决定着未来的生活质量。想要彻底改变自己的命运，最好先掌握知识。作为青少年，我们一定要认识到，只有在当下刻苦学习，未来的命运才会有更多的选择。

明白了读书对人生的意义，最重要的就是努力去践行。对每一个人来说，当下的努力就是为了明天的美好，读书学习也是一样的。要想拥有成功的一生，那么，从现在起就开始刻苦读书吧，别让无知无能的烦恼在未来降临在你的面前。